नामवर सिंह

28 जुलाई, 1926 को बनारस, उत्तर प्रदेश के जीयनपुर नामक गाँव में जन्म। प्राथमिक शिक्षा बग़ल के गाँव आवाजापुर में। काशी हिन्दू विश्वविद्यालय से बी.ए. और एम.ए.। 1953 में उसी विश्वविद्यालय में व्याख्याता के रूप में अस्थायी पद पर नियुक्ति। 1959 में चकिया चन्दौली के लोकसभा चुनाव में भारतीय कम्युनिस्ट पार्टी के उम्मीदवार। चुनाव में असफलता के साथ विश्वविद्यालय से मुक्त। 1959-60 में सागर विश्वविद्यालय के हिन्दी विभाग में असिस्टेंट प्रोफ़ेसर। 1960 से 1965 तक बनारस में रहकर स्वतंत्र लेखन। 1965 में 'जनयुग' साप्ताहिक के सम्पादक के रूप में दिल्ली में। इस दौरान दो वर्षों तक राजकमल प्रकाशन के साहित्यिक सलाहकार। 1970 में जोधपुर विश्वविद्यालय के हिन्दी विभाग के अध्यक्ष-पद पर प्रोफ़ेसर के रूप में नियुक्त। 1971 में 'कविता के नए प्रतिमान पर' 'साहित्य अकादेमी पुरस्कार'। 1974 में जवाहरलाल नेहरू विश्वविद्यालय, दिल्ली के भारतीय भाषा केन्द्र में हिन्दी के प्रोफ़ेसर के रूप में योगदान। 1987 में वहीं से सेवा-मुक्त। अगले पाँच वर्षों के लिए वहीं पुनर्नियुक्ति। 1993 से 1996 तक राजा राममोहन राय लाइब्रेरी फ़ाउंडेशन के अध्यक्ष। 'आलोचना' त्रैमासिक के प्रधान सम्पादक। महात्मा गांधी अन्तरराष्ट्रीय हिन्दी विश्वविद्यालय, वर्धा के कुलाधिपति रहे।

निधन : 19 फरवरी, 2019

आधुनिक साहित्य की प्रवृत्तियाँ

नामवर सिंह

लोकभारती पेपरबैक्स

पहला पुस्तकालय संस्करण
लोकभारती प्रकाशन द्वारा
1962 में प्रकाशित

लोकभारती पेपरबैक्स में
पहला संस्करण : 2023

लोकभारती पेपरबैक्स : उत्कृष्ट साहित्य के लोकप्रिय संस्करण

लोकभारती प्रकाशन
पहली मंजिल, दरबारी बिल्डिंग, महात्मा गांधी मार्ग,
प्रयागराज-211 001
द्वारा प्रकाशित

वेबसाइट : www.lokbhartiprakashan.com
ई-मेल : info@lokbhartiprakashan.com

शाखाएँ : 1-बी, नेताजी सुभाष मार्ग, दरियागंज, नई दिल्ली-110 002
अशोक राजपथ, साइंस कॉलेज के सामने, पटना-800 006
1, अनमोल सोराबजी संतुक लेन, धोबी तलाव, मरीन लाइंस, मुम्बई-400 002

बी.के. ऑफसेट
नवीन शाहदरा, दिल्ली-110 032
द्वारा मुद्रित

मूल्य : ₹199

AADHUNIK SAHITYA KI PRAVRITTIYAN
Essays by Namwar Singh

ISBN : 978-93-5221-021-3

क्रम

भूमिका

हिन्दी में साहित्यिक वादों एवं प्रवृत्तियों का परिचय अनेक पुस्तकों में सुलभ है। सर्वत्र वादों की संख्या गिनाने में होड़-सी लगी हुई है। बहुज्ञता प्रदर्शित करने के लिए जैसे सबसे खुला मैदान यही दिखाई पड़ रहा है। कोशिश यही है कि किसी पाश्चात्यवाद का नाम छूट न जाए। कुछ उत्साही तो अपनी मौलिक खोज प्रमाणित करने के लिए हर यूरोपीय वाद के लिए हिन्दी से कुछ-न-कुछ उदाहरण भी प्रस्तुत कर देते हैं। इस प्रकार हिन्दी में धड़ल्ले से अभिव्यंजनावाद, अतियथार्थवाद, अस्तित्ववाद, प्रतीकवाद, प्रभाववाद, बिम्बवाद, भविष्यवाद, समाजवादी यथार्थवाद आदि की चर्चा हो रही है, गोया ये सभी प्रवृत्तियाँ हिन्दी साहित्य की हैं अथवा हिन्दी में भी प्रचलित रही हैं। कहना न होगा कि ज्ञानवर्द्धन के इन उत्साही प्रयत्नों से आधुनिक हिन्दी साहित्य की अपनी वास्तविक प्रवृत्ति के बारे में काफी भ्रम फैल रहा है। वैसे, किसी अन्य साहित्य में प्रचलित प्रवृत्ति अथवा वाद का परिचय हिन्दी पाठक को देना बुरा नहीं है और हिन्दी के किसी साहित्यिक आन्दोलन के मूल स्रोतों का परिचय देने के लिए सम्भावना के रूप में यदि यूरोप के किसी वाद की चर्चा की जाए तो उस पर भी शायद ही किसी को आपत्ति हो; किन्तु हिन्दी में अनेक प्रचलित-अप्रचलित देशी-विदेशी वादों को अन्धाधुन्ध चर्चा का निवारण होना चाहिए। निःसन्देह यह प्रवृत्ति व्यावसायिक पुस्तकों में विशेष रूप से उभरकर आई है, किन्तु सन्दर्भ के लिए प्रस्तुत किए जाने वाले सम्मानित साहित्य-कोशों ने भी इस भ्रम के प्रसार में काफी योग दिया है।

किसी एक साहित्य में प्रचलित वाद के दो-एक नकलची अन्यत्र भी मिल सकते हैं, किन्तु इससे किसी साहित्य में उस वाद का अस्तित्व प्रमाणित नहीं होता। विभिन्न साहित्यिक वादों के उत्थान और पतन के इतिहास से परिचित अध्येता जानते हैं कि हर वाद अपने साहित्य एवं समाज के विशेष परिवेश से अभिन्न रूप से जुड़ा हुआ है और उसके आन्दोलन के पीछे एक इतिहास है। उदाहरण के लिए, फ्रांसीसी प्रतीकवाद और अंग्रेजी बिम्बवाद अपने-अपने निश्चित देश-काल से

सम्बद्ध हैं, इसलिए हिन्दी में इन वादों की चर्चा करते समय इस तथ्य को ध्यान में रखना अत्यन्त आवश्यक है कि अपने यहाँ ये वाद किसी साहित्यिक आन्दोलन के रूप में चले या नहीं और कुल मिलाकर इन्होंने हमारी साहित्यिक परम्परा में क्या योगदान दिया? कहना न होगा कि हिन्दी में प्राय: इस विवेक को पीठ ही दी गई है।

पिछले युग में आचार्य रामचन्द्र शुक्ल ने समकालीन छायावादी एवं रहस्यवादी काव्य-प्रवृत्तियों की समीक्षा करते हुए क्रोचे के अभिव्यंजनावाद, पश्चिमी कलावाद, फ्रांसीसी प्रतीकवाद आदि की विस्तृत आलोचना की थी क्योंकि उनका खयाल था कि पाश्चात्य साहित्य की ये पतनोन्मुख प्रवृत्तियाँ हिन्दी साहित्य पर भी दूषित प्रभाव डाल रही हैं। फिर क्या था, वाद के लेखकों को कलम चलाने के लिए एक राजमार्ग मिल गया और इन वादों पर इस तरह लिखा जाने लगा जैसे कोई उनके घर की चीज हो। हिन्दी में अभिव्यंजनावाद की इतनी चर्चा देखकर कभी-कभी तो भ्रम होने लगता है कि क्रोचे इटली में नहीं, बल्कि भारत में ही पैदा हुआ था।

'वसुधैव कुटुम्बकम्' का इससे अच्छा उदाहरण और क्या हो सकता है? शुक्ल जी ने क्रोचे की कड़ी आलोचना की तो पीछे हिन्दी के दस अध्यापक क्रोचे के समर्थन में खड़े हो गए जैसे क्रोचे के साथ सहानुभूति दिखाना अत्यन्त आवश्यक हो उठा हो। यह भी 'अतिथि देवो भव' के भारतीय आदर्श का एक उदाहरण है। किसी ने इस बात का पता लगाने का कष्ट नहीं उठाया कि स्वयं यूरोपीय साहित्य में रचना के क्षेत्र में अभिव्यंजनावाद का कितना असर था? एक ओर शिप्ले का साहित्यकोश है, जिसमें क्रोचे के अभिव्यंजनावाद पर यह टिप्पणी है कि साहित्य रचना पर इसका प्रभाव न्यूनतम है—सिर्फ दो-तीन अभिव्यंजनावादी नाटकों को छोड़कर और कुछ नहीं लिखा गया; दूसरी ओर 'हिन्दी साहित्य कोश' है, जिसमें इस प्रकार के किसी तथ्य का उल्लेख नहीं है। हिन्दी पर पाश्चात्य प्रभाव का यह भी एक उदाहरण है।

अभिव्यंजनावाद के साथ ही शुक्ल जी ने 'पहले से सावधान करने के लिए' सन् 1934 ई. के इन्दौर वाले भाषण में ही संवेदनावाद (इम्प्रेशनिज्म) एवं मूर्तविधानवाद (इमैजिज्म) की भी संक्षिप्त, किन्तु सारगर्भित आलोचना की थी। किन्तु वर्षों तक आलोचकों का ध्यान उनकी ओर गया ही नहीं—यहाँ तक कि हिन्दी में जब यत्र-तत्र उन वादों के प्रभाव काव्य-रचना में प्रकट होने लगे, तब भी उनको पहचानने वाली दृष्टि नहीं दिखाई पड़ी। आज भी इन वादों पर चर्चा होती है, तो उसका रूप बहुत कुछ हवाई ही होता है, जैसा इसके पहले हिन्दी में कभी इनकी चर्चा हुई ही न हो। अपनी साहित्य परम्परा के ज्ञान का यह भी एक उदाहरण है।

इससे प्रकट है कि हिन्दी के बहुत-से साहित्यिक अपनी परम्परा से अधिक यूरोपीय साहित्य की सूचना रखते हैं।

हिन्दी में वाद-विस्तार की विडम्बना उस समय चरम सीमा पर दिखाई पड़ती है जब हम 'समाजवादी यथार्थवाद' सम्बन्धी चर्चा पर पहुँचते हैं। उत्साही लेखकों ने हिन्दी उपन्यासों में 'समाजवादी यथार्थवाद' की एक धारा निरूपित कर दी है; क्योंकि हिन्दी के कुछ उपन्यासों के लेखक कम्युनिस्ट हैं 'समाजवादी यथार्थवाद' के लिए प्रयत्न करने वाले रूसी उपन्यासकारों को यह जानकर आश्चर्य होगा कि भारत में समाजवाद की स्थापना होने से पहले ही साहित्य में 'समाजवादी यथार्थवाद' की नींव पड़ गई। जहाँ रूस में समाजवाद की स्थापना करने के वर्षों बाद समाजवादी समाज की आवश्यकताओं को देखते हुए 'समाजवादी यथार्थवाद' के साहित्य-सिद्धान्त का निर्माण हुआ, वहाँ भारत में अभी से साहित्य के अन्दर भविष्य के लिए सिद्धान्तों और रचनाओं का निर्माण हो रहा है। भारतीय दूरदर्शिता का यह सर्वोत्तम उदाहरण है।

संक्षेप में, इन वादों की चर्चा से स्पष्ट है कि हिन्दी आलोचना में आज भी 'हमारे यहाँ सब कुछ है' वाली प्रवृत्ति काम कर रही है। जिस प्रकार पिछले युग में किसी यूरोपीय विचारधारा को एक साँस में अभारतीय कहकर विरोध किया जाता था और दूसरी साँस में उसे अपने यहाँ पहले ही मौजूद बतलाकर आत्मगौरव बढ़ाने की कोशिश की जाती थी, उसी प्रकार अन्तर्विरोध का हास्यास्पद रूप आज भी दिखाई पड़ता है। वास्तविकता यह है कि हिन्दी में साहित्य रचना के क्षेत्र में जितने 'वाद' नहीं हैं, उनसे कहीं अधिक आलोचना में पढ़ाए जा रहे हैं। जितनी जल्दी यह बकवास बन्द हो, उतना ही अच्छा हो। साहित्य का कल्याण इसी में है। कहना न होगा कि वादों की चर्चा में प्रसंगानुकूलता के बोध की आज कितनी आवश्यकता है।

इस प्रकार आधुनिक हिन्दी साहित्य में छायावाद, रहस्यवाद, प्रगतिवाद एवं प्रयोगवाद—चार ही प्रवृत्तियाँ निश्चित रूप से इतिहास-सम्मत हैं, जिन्हें 'वाद' के रूप में प्रचलन की मान्यता प्राप्त है। नि:सन्देह इन चारों साहित्यिक प्रवृत्तियों के अन्दर आधुनिक युग का सम्पूर्ण हिन्दी साहित्य नहीं सिमट जाता; किन्तु यह तथ्य है कि साहित्यिक आन्दोलन के रूप में कुछ दूर तक यही वाद चले। वाद-विशेष की स्वभावगत एकांगिता इनमें से हर एक के साथ जुड़ी हुई है, जिसके फलस्वरूप साहित्य-रचना में यत्र-तत्र विकृतियाँ भी आईं, किन्तु इसके साथ ही यह भी तथ्य है कि आधुनिक हिन्दी साहित्य का जो भी रूप आज दिखाई पड़ रहा है, वह इन्हीं साहित्यिक आन्दोलनों के कारण और हिन्दी साहित्य की वृद्धि में इसका निश्चित ऐतिहासिक योग है।

वस्तुतः ये साहित्यिक आन्दोलन हिन्दी साहित्य की अपनी परम्परा के अन्तर्गत क्रिया-प्रतिक्रिया के एक निश्चित अनुक्रम में उत्पन्न और समाप्त हुए; इसलिए इनके नाम पर ही नहीं, बल्कि रूप पर भी हिन्दी की अपनी छाप है। हो सकता है कि छायावाद और प्रयोगवाद जैसे नाम दूसरे साहित्य के पाठकों के लिए अर्थहीन हों, किन्तु हिन्दी में इन नामों का एक निश्चित ऐतिहासिक अर्थ है, जो इनके सन्दर्भ से प्राप्त हुआ। इसी प्रकार विविध बाह्य प्रभावों के स्पर्श के बावजूद उन सभी साहित्यिक आन्दोलनों में हिन्दी का अपना वैशिष्ट्य परिलक्षित होता। विचक्षण समीक्षकों ने कहीं-कहीं इस वैशिष्ट्य की ओर संकेत किया है, किन्तु स्वीकार करना होगा कि सुस्पष्ट एवं सुव्यवस्थित ढंग से हिन्दी के इन वादों के निजी जातिगत वैशिष्ट्य का निरूपण होना अभी शेष है—यहाँ तक कि अभी छायावाद के ही हिन्दी जातीय वैशिष्ट्य का तथ्यपूर्ण विवरण सामने नहीं आया है। सहज अनुभवज्ञान के सहारे आधुनिक हिन्दी का कोई भी पाठक देख सकता है कि कुछ बाह्य प्रभावों के अन्तर्गत लिखी हुई कविताओं को छोड़कर, जो सहृदयहृद्य वास्तविक कविताएँ हैं उन पर हिन्दी काव्य-परम्परा की अपनी छाप स्पष्ट है। रोमांटिक प्रवृत्ति के अन्तर्गत लिखे जाने पर भी निराला की 'राम की शक्तिपूजा' हिन्दी की अपनी रचना है, जिसे पढ़ने के बाद कोई भी यही कहेगा कि यह कविता हिन्दी में ही सम्भव थी और जिसके व्यक्तित्व की स्वतंत्रता विश्व के सम्पूर्ण रोमांटिक काव्य में आसानी से पहचानी जा सकती है। चूँकि यह विषय अलग से विस्तृत विचार की अपेक्षा रखता है, इसलिए एकाध उदाहरणों के द्वारा इसका संकेत कर देना ही अलम् होगा।

प्रसंगात् हिन्दी के 'हालावाद' की चर्चा आवश्यक है। किसी समय पत्रिकाओं में दो-एक कोनों से 'हालावाद' की आवाजें आईं, किन्तु साहित्य-समीक्षा के क्षेत्र में इस वाद को स्वीकृति न मिल सकी। इस वाद के साथ मुख्य रूप से बच्चन की मधुशाला, मधुबाला, मधुकलश आदि संग्रहों की कविताओं का नाम जुड़ा हुआ है। वैसे देखा-देखी इस रंग की कुछ और कविताएँ भी सामने आईं, किन्तु आगे चलकर एक तो स्वयं बच्चन ने ही तौबा कर ली, दूसरे साथ देने वाले भी नहीं आए और इस प्रकार यह प्रवृत्ति किसी व्यवस्थित काव्य आन्दोलन का रूप न ले सकी।

परन्तु यह एक ऐतिहासिक तथ्य है कि एक दूसरी सम्बन्ध-भावना के स्तर पर यह तथाकथित हालावादी मनोवृत्ति एक दौर के अनेक समर्थ कवियों में पाई जाती है, जिनमें 'मस्ती' का एक और ही आलम है। बच्चन के अतिरिक्त भगवतीचरण वर्मा, बालकृष्ण शर्मा 'नवीन', दिनकर, एक हद तक नरेन्द्र शर्मा और यहाँ तक कि सुभद्राकुमारी चौहान एवं माखनलाल चतुर्वेदी में भी कमोबेश सहज अक्खड़ता-फक्कड़ता से मिली-जुली रूमानियत मिलती है। निश्चित रूप से उन कवियों के

काव्य का 'तेवर' छायावादी कवियों से अलग है और बाद में आने वाले प्रगतिवाद से भी इनका स्वर भिन्न दिखाई पड़ता है। हिन्दी साहित्य के किसी भी इतिहास में इस दौर का स्थान निश्चित है; किन्तु किसी संगठित या व्यवस्थित 'वाद' के रूप में इस पर विचार करना सम्भव नहीं दिखता। यों भी, मस्ती की यह प्रवृत्ति प्रकृत्यावाद-मुक्त है। श्री विजय देव नारायण साही ने इस काव्य-वृत्ति के लिए 'जवानी का काव्य' नाम सुझाया है (और प्रसंगात् यहाँ यह उल्लेखनीय है कि इस काव्य-प्रवृत्ति पर पहली बार व्यवस्थित विचार उन्होंने ही किया है), परन्तु यह संज्ञा अधिक से अधिक वर्णन के लिए ही उपयोगी हो सकती है। कुछ लोग इसे 'उत्तर छायावादी' प्रवृत्ति अथवा 'छायावाद का परिशिष्ट' भी कहते पाए जाते हैं; किन्तु इससे उस काव्य-प्रवृत्ति की अपनी विशिष्टता का सही बोध नहीं होता। नि:सन्देह यह काव्य-प्रवृत्ति भी हिन्दी की अपनी है, किन्तु नामरूप दोनों ही दृष्टियों से अनिर्दिष्ट इस काव्य-प्रवृत्ति पर स्वतंत्र रूप से विचार करना फिलहाल सम्भव नहीं प्रतीत होता।

कुछ ऐसी ही विवशता प्रयोगवाद से अलग 'नई कविता' पर भी स्वतंत्र विचार करने के साथ महसूस होती है। इस प्रकार जो विषय प्रस्तुत विचार-चर्चा में छूट गए हैं, उन्हें निकट भविष्य में विचार के लिए सुरक्षित रखते हुए प्रसंगानुकूलता की जा सकती है।

इस पुस्तक के सम्बन्ध में सूचनार्थ निवेदन है कि मूल रूप में ये निबन्ध कई जगहों पर एकाधिक बार व्याख्यान के रूप में प्रस्तुत हुए थे। मित्रों के आग्रह पर इन्हें आगे चलकर स्वतंत्र निबन्धों के रूप में व्यवस्थित करने की कोशिश की गई। प्रस्तुत संस्करण में मुख्यत: रहस्यवाद एवं प्रयोगवाद के अन्तर्गत विशेष परिवर्द्धन हुआ है। शेष निबन्धों में यत्र-तत्र कुछ तथ्य और प्रूफ सम्बन्धी भूलें ठीक कर दी गई हैं। इसके अतिरिक्त प्रथम संस्करण की भूमिका के स्थान पर एक नई भूमिका भी जोड़ी जा रही है। यदि इससे साहित्य के विद्यार्थियों की दृष्टि कुछ स्वच्छ हुई और इन विषयों पर आगे विचार करने की प्रेरणा मिली तो इस संक्षिप्त-से प्रयत्न को सार्थक समझूँगा।

—नामवर सिंह

लोलार्क कुंड
वाराणसी
जून, 1962

छायावाद

[1]

छायावाद विशेष रूप से हिन्दी साहित्य के 'रोमांटिक' उत्थान की वह काव्यधारा है जो लगभग ईसवी सन् 1918 से '36 ('उच्छ्वास' से 'युगान्त') तक की प्रमुख युगवाणी रही, जिसमें प्रसाद, निराला, पंत, महादेवी प्रभृति मुख्य कवि हुए और सामान्य रूप से 'भावोच्छ्वास-प्रेरित स्वच्छंद कल्पना-वैभव की वह 'स्वच्छंद प्रवृत्ति' है जो देश-कालगत वैशिष्ट्य के साथ संसार की सभी जातियों के विभिन्न उत्थानशील युगों की आशा-आकांक्षा में निरंतर व्यक्त होती रही है। स्वच्छंदता की उस सामान्य भाव-धारा की विशेष अभिव्यक्ति का नाम हिन्दी साहित्य में छायावाद पड़ा।

तत्कालीन पत्रिकाओं से पता चलता है कि 'छायावाद' संज्ञा का प्रचलन 1920 ई. तक हो चुका था। मुकुटधर पांडेय ने 1920 ई. में जबलपुर की 'श्री शारदा' पत्रिका में 'हिन्दी में छायावाद' शीर्षक चार निबन्धों की एक लेखमाला प्रकाशित करवाई थी। इस लेखमाला से पता चलता है कि 'हिन्दी में उसका नितान्त अभाव देखकर इधर-उधर की कुछ टीका-टिप्पणियों के सहारे' मुकुटधर पांडेय ने वह निबन्ध प्रस्तुत किया था। इरासे स्पष्ट है कि उस निबन्ध के पहले भो छायावाद पर कुछ टीका-टिप्पणी हो चुकी थी।

उस युग की प्रतिनिधि पत्रिका 'सरस्वती' में 'छायावाद' का प्रथम उल्लेख जून, 1921 ई. के अंक में मिलता है। किन्हीं सुशील कुमार ने 'हिन्दी में छायावाद' शीर्षक एक संवादात्मक निबन्ध लिखा है। इस व्यंग्यात्मक निबन्ध में छायावादी कविता को टैगोर-स्कूल की चित्रकला के समान 'अस्पष्ट' कहा गया है।

'छायावाद क्या है' प्रश्न का उत्तर देते हुए मुकुटधर पांडेय ने लिखा है कि "अंग्रेजी या किसी पाश्चात्य साहित्य अथवा बंग साहित्य की वर्तमान स्थिति की कुछ भी जानकारी रखने वाले तो सुनते ही समझ जाएँगे कि यह शब्द 'मिस्टिसिज्म'

के लिए आया है।" इसी प्रकार सुशील कुमार वाले निबन्ध में भी छायावादी कविता को 'कोरे कागद की भाँति अस्पष्ट', 'निर्मल ब्रह्म की विशद छाया', 'वाणी की नीरवता', 'निस्तब्धता का उच्छ्वास' एवं 'अनन्त का विलास' कहा गया है।

'छायावाद' के लिए 'मिस्टिसिज्म' शब्द के आते ही 'रहस्यवाद' शब्द की बुनियाद पड़ गई और सुकवि-किंकर-छद्मनामधारी आचार्य महावीरप्रसाद द्विवेदी के 'आजकल के हिन्दी कवि और कविता' (सरस्वती : 6 मई, 1927) निबन्ध से पता चलता है कि जिन कविताओं को और लोग छायावाद कहते थे, उन्हीं को वे 'रहस्यवाद' कहना चाहते थे; लेकिन मुकुटधर पांडेय जहाँ उनमें 'आध्यात्मिकता' देखते थे, वहाँ आचार्य द्विवेदी के लिए वे 'अन्योक्ति पद्धति' से अधिक न थी, 'छायावाद' का प्रचलित अर्थ समझने की कोशिश करते हुए उसी निबन्ध में आचार्य द्विवेदी कहते हैं—"छायावाद से लोगों का क्या मतलब है, कुछ समझ में नहीं आता। शायद उनका मतलब है कि किसी कविता के भावों की छाया यदि कहीं अन्यत्र जाकर पड़े तो उसे छायावादी कविता कहना चाहिए।"

इस तरह पंत के 'पल्लव' और प्रसाद के 'झरना' आदि संग्रहों की कविताओं को 1927 ई. तक अंग्रेजी में 'मिस्टिसिज्म' और हिन्दी में कभी 'छायावाद' और कभी 'रहस्यवाद' कहा जाता था। 1928 ई. में प्रकाशित आचार्य रामचन्द्र शुक्ल की 'काव्य में रहस्यवाद' पुस्तक से भी यही सिद्ध होता है। साथ ही, शुक्ल जी के विवेचन से यह भी मालूम होता है कि तात्त्विक दृष्टि से उन रचनाओं को 'रहस्यवाद' कहा जाता था और रूप-विधान की दृष्टि से 'छायावाद'।

आगे चलकर जब महादेवी वर्मा की प्रियतम-सम्बोधित बहुत-सी कविताएँ प्रकाश में आ गईं तो लोगों ने 'रहस्यवाद' और 'मिस्टिसिज्म' शब्द को केवल इसी प्रकार की कविताओं के लिए सीमित कर दिया। धीरे-धीरे 'छायावाद' से इसे अलगाकर 'रहस्यवाद' नाम की एक स्वतंत्र काव्य-धारा मान ली, जिसका विकास वेद-उपनिषद् से आरम्भ होकर कबीर, मीरा आदि से होता हुआ हिन्दी में महादेवी वर्मा तक पहुँचता है। फलतः 'छायावाद' केवल आधुनिक काव्य-प्रवृत्ति रह गई और 'रहस्यवाद' सनातन तथा चिरन्तन।

सन् 1930 के आसपास हिन्दी छायावादी कविताओं को आलोचना के सिलसिले में अंग्रेजी के रोमांटिक कवि वड्र्सवर्थ, शेली, कीट्स आदि का नाम लिया जाने लगा और इस तरह छायावाद के साथ 'रोमैंटिसिज्म' नाम भी जुड़ गया। आचार्य शुक्ल ने 'रोमैंटिसिज्म' के लिए हिन्दी में 'स्वच्छंदतावाद' शब्द चलाया और वह चल भी पड़ा, किन्तु उनके 'स्वच्छंदतावाद' की परिभाषा इतनी सीमित थी कि वह सम्पूर्ण छायावादी कविताओं को न घेर सकी; उसकी सीमा में केवल श्रीधर पाठक,

रामनरेश त्रिपाठी, गुरुभक्त सिंह, सियारामशरण गुप्त, सुभद्राकुमारी चौहान, उदयशंकर भट्ट और सम्भवत: नवीन तथा माखनलाल चतुर्वेदी ही आ सके। उनके अनुसार 'प्रकृति प्रांगण के चर-अचर प्राणियों का रागपूर्ण परिचय, उनकी गतिविधि पर आत्मीयता-व्यंजक दृष्टिपात, सुख-दुख में उनके साहचर्य की भावना—ये सब बातें स्वाभाविक स्वच्छंदता के पथचिह्न हैं।" इस प्रकार शुक्ल जी के 'स्वच्छंदतावाद' में छायावाद की रहस्यभावना के लिए कोई जगह न थी। फलत: 'स्वच्छंदतावाद' अंग्रेजी के 'रोमैंटिसिज्म' का अनुवाद होते हुए भी छायावादी कविता का केवल एक अंग बनकर रह गया और धीरे-धीरे 'छायावाद' सम्पूर्ण 'रोमैंटिसिज्म' का वाचक बन गया।

आजकल हिन्दी में जब 'छायावाद' कहा जाता है तो उसका मतलब उसी तरह की कविताओं से होता है, जिन्हें यूरोपीय साहित्य में 'रोमैंटिसिज्म' की संज्ञा दी जाती है और जिसके अन्तर्गत रहस्य-भावना तथा स्वच्छंदता-भाव के साथ-साथ और भी कई बातें मिलती हैं।

[2]

छायावाद सम्बन्धी परिभाषाओं और आलोचनाओं को देखकर ऐसा लगता है कि आलोचकों ने प्राय: किसी एक कवि अथवा किसी एक कविता-संग्रह को ध्यान में रखकर छायावाद की विशेषताओं का निरूपण किया है। इस तरह उन्होंने 'शुद्ध छायावाद' की एक सीमारेखा खींचकर छायावाद के अन्य कवियों तथा कविताओं को उससे बाहर कर दिया है। जैसे किसी ने पंत जी को ही शुद्ध छायावादी माना है, तो दूसरे से उनकी सम्पूर्ण रचनाओं में भी केवल 'पल्लव' को 'शुद्ध छायावाद' के अन्तर्गत स्वीकार किया है और फिर 'पल्लव' में भी अपनी रुचि तथा पूर्व-निश्चित धारणा की समर्थक कविताओं के आधार पर 'छायावाद' की सामान्य विशेषताएँ गिना दी हैं। इस तरह यही नहीं कि प्रसाद, निराला, महादेवी की बहुत-सी कविताएँ 'छायावाद' से बाहर हो जाती हैं बल्कि स्वयं पंत जी की भी 'वीणा', 'ग्रंथि' और 'गुंजन' की काफी रचनाएँ छायावादेतर ठहरती हैं, परन्तु आलोचक को इसकी परवाह नहीं है। उसका 'शुद्ध' छायावाद अपनी जगह पर कायम है और वह कायम रहेगा, भले ही उसकी सीमा से छायावाद का अधिकांश साहित्य बाहर पड़ा रह जाए।

जाहिर है कि वह सीमा छायावाद की नहीं, बल्कि उन आलोचकों की है। छायावाद की विशेषताओं का आकलन छायावाद नाम से ख्यात सम्पूर्ण कविताओं के आधार पर होना चाहिए।

इस ढंग से विचार करने पर पता चलता है कि छायावाद विविध, यहाँ तक कि परस्पर विरोधी-सी प्रतीत होने वाली काव्य-प्रवृत्तियों का सामूहिक नाम है और छानबीन करने पर इन प्रवृत्तियों के बीच आन्तरिक सम्बन्ध दिखाई पड़ता है। स्पष्ट करने के लिए यदि भूमिति से उदाहरण लें तो कह सकते हैं कि यह एक केन्द्र पर बने हुए विभिन्न वृत्तों (Cocentric Circles) का समुदाय है। इसकी विविधता उस शतदल के समान है जिसमें एक ग्रंथि से अनेक दल खुलते हैं। एक युग-चेतना से भिन्न-भिन्न कवियों के संस्कार, रुचि और शक्ति के अनुसार विभिन्न रूपों में अपने को अभिव्यक्त किया; कहीं एक पक्ष का अधिक विकास हुआ तो अन्यत्र दूसरे पक्ष का।

एक छवि के असंख्य उडगण
एक ही सब में स्पन्दन

दूसरी ओर, 'छायावाद' की विभिन्न प्रवृत्तियों और विशेषताओं की गणना करने वाले आलोचकों ने भी छायावाद को एक स्थिर और जड़ वस्तु मानकर विचार किया है। उनसे इस तथ्य की उपेक्षा हो गई है कि छायावाद एक प्रवहमान काव्यधारा थी; एक ऐतिहासिक उत्थान के साथ उसका उदय हुआ और उसी के साथ उसका क्रमिक विकास तथा ह्रास हुआ। छायावाद के अठारह-बीस वर्षों के इतिहास में अनेक विशेषताएँ, जो आरम्भ में थीं, वे कुछ दूर जाकर समाप्त हो गईं और फिर अनेक नई विशेषताएँ जुड़ गईं। नि:सन्देह छायावाद के उदय और अस्त की चर्चा तो हुई है, लेकिन उसके क्रमिक विकास का विचार बहुत कम हुआ है। इसका मुख्य कारण यही है कि भाववादी आलोचकों ने छायावाद को प्राय: समाज से ऊपर सर्वथा शुद्ध भाव-राशि मानकर विचार किया है।

[3]

छायावाद व्यक्तिवाद की कविता है, जिसका आरम्भ व्यक्ति के महत्त्व को स्वीकार करने और करवाने से हुआ, किन्तु पर्यवसान संसार और व्यक्ति की स्थायी शत्रुता में हुआ। बीसवीं सदी की काव्यसीमा में प्रवेश करने पर हिन्दी कविता के पाठक का ध्यान सबसे पहले जिस विशेषता की ओर जाता है, वह है वैयक्तिक अभिव्यक्ति। व्यक्तिगत अनुभूतियों की अभिव्यक्ति में आधुनिक कवि ने जो निर्भीकता और साहस दिखलाया, वह पहले किसी कवि में नहीं मिलता। आधुनिकता 'लीरिक' अथवा 'प्रगीत' इसी वैयक्तिकता के प्रतीक हैं। मध्ययुग के सन्त-भक्त और रीतिवादी कवि प्राय: निर्वैयक्तिक ढंग से अपनी बातें कहते थे। सन्तों और भक्तों के विनय के पदों

में जो वैयक्तिक ढंग दिखाई पड़ता है, वह केवल भगवान् के प्रति निवेदन है; अपने व्यक्तिगत जीवन के विषय में वे प्राय: मौन ही रहते थे और काव्य में अपने प्रणय सम्बन्धों की चर्चा करने की बात तो उस समय सोची भी नहीं जा सकती थी। इससे अनुमान लगाया जा सकता है कि उस समय व्यक्ति सामाजिक मर्यादाओं से कितना बँधा हुआ था।

आधुनिक कवि ने जीवन की इस संकुलता तथा अतिशय सामाजिकता को तीव्रता के साथ अनुभव किया। वड्र्सवर्थ के शब्दों में उसे लगा कि 'The world is too much with us.' प्राचीन कृषिव्यवस्था पर आधारित समाज ऐसा ही होता है, जिसके छोटे दायरे में लोगों को अपने पड़ोसी के अच्छे-बुरे सभी कार्यों में जरूरत से ज्यादा दिलचस्पी रहती है; और कभी-कभी यह सहायक की जगह बाधक प्रतीत होने लगती है। आधुनिक शिक्षा से प्रभावित युवक ने इस व्यक्ति रोध सामाजिकता का बहिष्कार करके पहले तो निर्जन प्रकृति में आश्रय लिया, जैसा कि पंत जी के वक्तव्यों से पता चलता है और फिर धीरे-धीरे शक्ति-संचय करके समाज में आकर उन रूढ़ियों के प्रति अपने वैयक्तिक विद्रोह का उद्‌घोष किया। पहले तो उसे पशु-पक्षियों की तरह प्राकृतिक जीवन में ही अपनी निजता, स्वतंत्रता और आत्मभाव की सम्भावना दिखाई पड़ी, किन्तु बाद में जब कदम-कदम पर उसका संघर्ष सामाजिक रूढ़ियों से होने लगा तो उसने अपने व्यक्तित्व को उसके प्रतिरोध में खड़ा किया। 'आत्मकथा' उसका विषय हो गया और 'मैं' उसकी शैली। प्रसाद ने तो स्पष्टत: अपनी 'आत्मकथा' का स्पष्टीकरण ही लिख डाला और 'निराला' ने सबकी ओर से स्वीकार किया कि मैंने 'मैं' शैली अपनाई!"

अपनी दुर्बलताएँ भी उसने साहस के साथ कहीं और जिन बातों को अब तक लोग समाज के भय से छिपाते थे, उन्हें भी छायावादी कवि ने खोलकर रख दिया। पंत जी ने 'उच्छ्‌वास', 'आँसू' और 'ग्रंथि' में प्रणयानुभूति की अबाध अभिव्यक्ति की। 'उच्छ्‌वास' की सरल बालिका कोई आध्यात्मिक सत्ता नहीं है, और न उसके साथ व्यक्त किया हुआ प्रणय-सम्बन्ध कोई आध्यात्मिक भावना है! सीधे शब्दों में 'बालिका मेरी मनोरम मित्र थी', लेकिन समाज तो ऐसी चीजों को बर्दास्त कर नहीं सकता, इसलिए उस लांछन के विरुद्ध अपने प्रेम की पवित्रता को घोषित करते हुए कवि कहता है—

कभी तो अब तक पावन प्रेम
नहीं कहलाया पापाचार
हुई मुझको ही मदिरा आज
हाय यह गंगा-जल की धार!—

प्रसाद का 'आँसू' भी मूलत: इसी प्रकार का मानवीय प्रेम-काव्य है, जिसके द्वितीय संस्कार में कवि ने सामाजिक भय से रहस्यात्मकता और लोकमंगल का गहरा पुट दे दिया है। फिर भी असलियत जगजाहिर रही और आचार्य शुक्ल से भी कहे बिना न रहा गया कि 'इन रहस्यवादी रचनाओं को देखकर चाहें तो यह कहें कि इनकी मधुचर्या के मानस-प्रसार के लिए रहस्यवाद का परदा मिल गया अथवा यों कहें कि इनकी सारी प्रणयानुभूति ससीम से कूदकर असीम पर जा रही।'

छायावाद की इस प्रणय-सम्बन्धी वैयक्तिकता का प्रसार क्रमश: जीवन के अन्य क्षेत्रों में भी हुआ। निराला का 'विप्लवी बादल' इसी वैयक्तिक विद्रोह का अग्रदूत है! 'सरोज-स्मृति' ('35) और 'वन-बेला' ('37) में यही वैयक्तिक विद्रोह और भी खुलकर व्यक्त हुआ। ये रचनाएँ कवि की आप बीती से अनावृत आख्यान हैं। जिस तरह की निजी बातें यहाँ एकदम खरे ढंग से कही गई हैं, हिन्दी में पहले कभी नहीं कही गईं। जिस अहंवादी कवि के लिए 'अहंकृति में झंकृति—जीवन' हो, उसकी कविताएँ भी स्वभावत: 'अहंकृति की झंकृति' होंगी।

जब पुरुष-व्यक्ति की यह स्थिति है तो इस पुरुष-प्रधान समाज में नारी की आत्माभिव्यक्ति पर कितनी रोक हो सकती है तथा एक नारी को स्पष्ट आत्माभिव्यक्ति पर कितनी कठिनाई आ सकती है, इसका पता महादेवी जी के रहस्य-गीतों से ही लगाया जा सकता है। फिर भी महादेवी जी ने कहीं कहा है कि आज का साहित्यकार अपनी प्रत्येक साँस का इतिहास लिख लेना चाहता है। यही नहीं, 'छायावाद' पर विचार करते हुए उन्होंने कहा है कि इस व्यक्ति-प्रधान युग में व्यक्तिगत सुख-दुख अपनी अभिव्यक्ति के लिए आकुल थे, अत: छायायुग का काव्य स्वानुभूतिप्रधान होने के कारण वैयक्तिक उल्लास-विषाद का सफल माध्यम बन सका।

छायावादी युग का मानव अपनी व्यक्तिता की खोज के लिए कितना आकुल था, इसे 'कामायनी' के मनु के मुख से सुनें—

वन गुहा कुञ्ज मरु अंचल में हूँ खोज रहा अपना विकास!

आत्मविकास की टोह में निकला हुआ यह आधुनिक मनु धीरे-धीरे युगान्त तक जाते-जाते इतना व्यक्तिवादी हो गया कि बोल उठा—

मैं तो अबाधगति मरुत सदृश, हूँ चाह रहा अपने मन की!

इस स्वेच्छाचारी मनु ने आखिर सम्पूर्ण समाज के विरुद्ध युद्ध घोषणा कर दी, जिसने आरम्भ में प्रजातंत्र की नींव डाली, उसी ने सर्वसत्ताधारी निरंकुश शासक का पद

प्राप्त कर लिया और इस समाज-विरोध के फलस्वरूप उसे घायल होकर अन्त में समाज से दूर कैलास-शिखर, पर पलायन करना पड़ा।

आरम्भ में जिस व्यक्ति ने अपने व्यक्तित्व की खोज के लिए निर्जन प्रकृति में प्रवेश किया था, अन्त में उसी ने समाज से भागकर प्रकृति के कल्पनालोक में शरण ली। जिससे आरम्भिक आत्मप्रसार में समाज के सामन्ती मूल्यों को चुनौती थी, उसके अन्तिम अहंभाव में सम्पूर्ण समाज, विशेषत: अपने ही मध्यवर्गीय समाज की व्यावसायिकता से घबड़ाहट का तीव्र असन्तोष और निराशा है। जिसकी आरम्भिक एकान्त-प्रियता में शक्ति थी, उसकी अन्तिम असामाजिकता में निराशा है। यह वह समय था जब 'कोलाहल की अवनी तजकर' कवि 'सागर के निर्जन तट' पर भागने लगा। परन्तु यह स्थिति तो 'छायावाद' के अन्तिम दिनों में आई और 'प्रसाद' में ही नहीं, बल्कि निराला, पंत, महादेवी सब में; इससे पहले जो आत्म-विकास की भावना थी, उसने जीवन में तथा काव्य में भाव तथा कल्पना का अभूतपूर्व वैभव-विस्तार किया। वस्तुत: यह व्यक्तिवाद ही छायावादी काव्य के विविध वृत्तों का केन्द्र-बिन्दु है।

व्यक्तिवाद ने छायावादी कवि में यदि एक ओर वैयक्तिक अभिव्यक्ति की आकांक्षा उत्पन्न की तो दूसरी ओर सम्पूर्ण दृष्टिकोण को व्यक्तिनिष्ठ बना दिया। छायावादी कवि संसार की सभी वस्तुओं को आत्मरंजित करके देखने का अभ्यस्त हो गया। विश्व की व्यथा से स्वयं व्यथित होने की जगह वह अपनी व्यथा से विश्व के व्यथित होने की कल्पना करने लगा। छायावाद के व्यक्तिनिष्ठ दृष्टिकोण को समझने के लिए उसके पूर्ववर्ती द्विवेदी-युग के विषयनिष्ठ अथवा तथ्यपरक काव्य को ध्यान में रखना आवश्यक है। द्विवेदी-युग का काव्य शुक्ल जी के शब्दों में जहाँ 'इतिवृत्तात्मक' था वहीं छायावादी काव्य 'रागात्मक' हो उठा। निर्जीव तथ्यों के स्थान पर छायावादियों के चुने हुए रागात्मक तथ्यों को रागरंजित करके सत्य के रूप में उपस्थित किया। इस व्यक्तिनिष्ठ दृष्टिकोण की विशेषता बतलाते हुए 'कलकत्ता विश्वविद्यालय व्याख्यान-माला, के अन्तर्गत 'तथ्य और सत्य' (1923 ई.) व्याख्यान में रवीन्द्रनाथ कहते हैं कि 'चित्रकार जब चित्र बनाने बैठता है तब वह तथ्य का संवाद देने नहीं बैठता। वह तथ्य को उसी हद तक स्वीकार करता है, जिस हद तक उसको उपलक्ष्य करके किसी एक सुषमा का छंद विशुद्ध रूप में मूर्तिमान हो उठता है।'

इस प्रकार छाथावादी कवियों ने चुने हुए तथ्यों को उपलक्ष्य बना करके अपने जीवन के अनेक सत्यों की अभिव्यंजना की। इस प्रक्रिया में छायावाद का ध्यान वस्तु के बाह्य आकार की अपेक्षा या तो उसमें निहित भाव की ओर गया या उसकी

सूक्ष्म छाया की ओर। प्रकृति-चित्रण में पहले के कवि जहाँ पेड़-पौधों का नाम गिनाकर अथवा प्राकृतिक दृश्यों के स्थूल आकार का वर्णन करके सन्तुष्ट हो लेते थे, वहाँ छायावादी कवि ने प्रकृति के अन्त:स्पन्दन का सूक्ष्म अंकन किया। वृक्ष की अपेक्षा उसका ध्यान छाया की ओर था, यहाँ तक कि सम्पूर्ण कविता—'सुछवि के छायावान की साँस' हो गई—केवल छाया नहीं बल्कि उससे भी अधिक सूक्ष्म उसकी साँस अर्थात् साँस लेती हुई छाया का स्पन्दन! यदि संध्या का वर्णन करते हुए द्विवेदी-युगीन कवि हरिऔध ने लिखा—

दिवस का अवसान समीप था
गगन था कुछ लोहित हो चला
तरु-शिखा पर थी अब राजती
कमलनी कुलवल्लभ की प्रभा।

तो उसी संध्या का चित्रण मेघमय आसमान से उतरती सुन्दरी के रूप में करते हुए 'निराला' उसकी गतिविधि इस प्रकार आँकते हैं—

तिमिरांचल में चंचलता का नहीं आभास

और

अलसता की-सी लता
किन्तु कोमलता की वह वेला
सखी नीरवता के कन्धे पर डाले बाँह,
छाँह के अम्बर पथ से चली।

कहाँ तो सांध्य गगन में लोहित रंगों की चटक-मटक और कहाँ निस्पन्द तिमिरांचल अलसता की लता तथा नीरवतायुक्त छाँह का संचरण!

इस तरह छायावाद ने वस्तुगत सौन्दर्य के सूक्ष्म स्तर का उद्घाटन करके हिन्दी साहित्य के इतिहास में अत्यन्त महत्त्वपूर्ण कार्य किया है। वस्तुत: प्रकृति अपने-आप में सुन्दर नहीं है, उसका सौन्दर्य मनुष्य के लिए है और मनुष्य युग-युग से प्रकृति को अपने तन-मन से सुन्दर बनाता आ रहा है। एक ओर मनुष्य के हाथों निसर्ग का नैसर्गिक सौन्दर्य और निखरता आया है तो दूसरी ओर मनुष्य का मन उस वस्तुनिष्ठ सौन्दर्य के भी अनेक सूक्ष्म और अज्ञात स्तरों का उद्घाटन करता रहा है। छायावादी कवियों ने प्रकृति के छिपे हुए इतने सौन्दर्य-स्तरों की खोज की, वह आधुनिक मानव के भौतिक और मानसिक विकास का सूचक है। इस सौन्दर्य-बोध का विकास प्रकृति और मानव के

पारस्परिक सम्बन्धों का परिणाम है। प्रकृति ने मनुष्य में सौन्दर्य-बोध जगाया और मनुष्य ने उद्‌बुद्ध होकर प्रकृति में नवीन सौन्दर्य की खोज की और इस तरह दोनों परस्पर वर्धमान हुए।

छायावाद के व्यक्तिनिष्ठ दृष्टिकोण ने प्रकृति-सौन्दर्य में ही सूक्ष्मता नहीं दिखाई, बल्कि मानव-सौन्दर्य में भी स्थूल शारीरिकता की जगह स्वस्थ, मांसल तथा भावात्मक सुषमा की प्रतिष्ठा की। मध्ययुग के कवि नारी की जिन भौंहों को 'कमान' समझते थे, छायावादी कवि के लिए उन्हीं 'करुण भौंहों में था आकाश'। यह नहीं—

कपोलों में उर का मृदु भाव
श्रवण नयनों में प्रिय बर्ताव
सरल संकेतों में संकोच
मृदुल अधरों में मधुर दुराव

इन पंक्तियों से नारी का स्थूल आकार ही सामने नहीं आता, बल्कि सुन्दर अंगों के माध्यम से उसके आन्तरिक भाव-सौन्दर्य का भी आभास मिल जाता है।

नारी की लज्जा का चित्रण मध्ययुगीन कवियों ने भी किया था, किन्तु 'कनक-किरन के अन्तराल में लुक-छिपकर चलने वाले लाज-भरे सौन्दर्य' को तो प्रसाद ने ही देखा। इसके अतिरिक्त 'कामायनी' में नारी को लज्जा का जो भव्य चित्रण हुआ है, वह सम्पूर्ण भारतीय साहित्य में अद्वितीय है। प्रसाद जी का नारी-सौन्दर्य चित्रण पंत जी की तरह भाव-प्रधान होते हुए भी कहीं अधिक मांसल है; लेकिन प्रसाद जी से भी इस विषय में आगे निराला हैं!

सामान्य नारी के सौन्दर्य का चित्रण तो सभी करते हैं, लेकिन वह नारी यदि स्वयं अपनी पुत्री हो तो कवि की परीक्षा हो जाएगी! स्वस्थ मन और समर्थ कवि निराला के लिए ही यह सम्भव न हो सका कि उन्होंने अपनी पुत्री 'सरोज' की स्मृति में शोक-गीत लिखते हुए एक स्थल पर उसके सौन्दर्य का भी स्मरण किया है। विवाह के शुभ कलश का जल पड़ने के बाद वह आमूल नवल रूप—

तू खुली एक उच्छ्वास-संग
विश्वास-स्तब्ध बँध अंग-अंग
नत नयनों से आलोक उतर
काँपा अधरों पर थर-थर-थर

और कवि ने अनुभव किया कि—

शृंगार, रहा जो निराकार
रस कविता में उच्छ्वसित-धार
गाया स्वर्गीया-प्रिया-संग
भरता प्राणों में राग-रंग
रति-रूप प्राप्त कर रहा वही
आकाश बदल कर बना मही।

अर्थात् 'सरोज' ही नहीं, बल्कि उसका रूप भी कवि की सृष्टि है—कवि के निराकार भाव ही जैसे रूप धारण करके 'सरोज' बन गए! भावात्मक दृष्टि से मूर्त रूप-चित्रण का यह उत्कृष्ट उदाहरण है—दृष्टिकोण अमूर्त है किन्तु दृश्य मूर्त है।

जब प्रसाद जी ने सौन्दर्य को 'उज्ज्वल वरदान चेतना का' कहा तो प्रकारान्तर से उन्होंने इसी भावात्मक दृष्टिकोण का समर्थन किया। इसी बात को रवीन्द्रनाथ ने अत्यन्त स्पष्ट ढंग से 'चैतालि' की 'मानसी' कविता में व्यक्त किया है—

शुधु विधातार सृष्टि नह तुम नारी।
पुरुष गड़ेछे तोर सौन्दर्य संचारि
आपन अन्तर होते।.........
....
अर्धेक मानवी तुमि, अर्धेक कल्पना।

इस प्रकार महादेवी के शब्दों में 'सौन्दर्य की स्थूल जड़ता से मुक्ति मिलते ही नारी को प्रकृति के समान ही रहस्यमय शक्ति और सौन्दर्य प्राप्त हो गया, जिसने उसके मानसिक जगत् से पिछली संकीर्णता धो डाली।'

लेकिन व्यक्तिवाद की तरह व्यक्तिनिष्ठ भावात्मक दृष्टिकोण में भी क्रमश: अतिरेक होता गया। कवि के अनुसार जब 'मन ही सर्वसृजन' है, तो उसने प्रकृति के वस्तुनिष्ठ रूप का सर्वथा निषेध करके उसके स्थान पर एकदम मानसिक प्रकृति-खड़ी कर दी। ऐसा पंत जी के यहाँ प्राय: हुआ है। उनकी 'चाँदनी' धीरे-धीरे कपूर-सी उड़ती-उड़ती इतनी अदृश्य हो गई कि अन्त में हैरान कवि को कहना पड़ा कि—

वह है, वह नहीं, अनिर्वच!

जब तक वह 'लघु परिमल के घन-सी' थी तब तक तो गनीमत थी; लेकिन अन्त में वह 'अनुभूति-मात्र-सी उर में' रह गई। भाववादी दृष्टिकोण की यह पराकाष्ठा है!

प्रकृति की तरह नारी भी इस भाववादी दृष्टिकोण के अतिरेक का शिकार हुई। एक ओर 'निराला' के यहाँ—

वह विचर रही थी सानस की प्रतिमा-सी

तो पंत के मुख से—

बन गई मानसि तुम साकार!

उच्चरित होकर भी वह मूलत: 'मानसी' ही रही।

इन्हीं सब बातों को देखकर आलोचकों ने छायावाद को 'स्थूल के विरुद्ध सूक्ष्म का विद्रोह' कहा।

व्यक्तिवाद के मूल से छायावाद में जो तीसरी बात पैदा हुई, वह है भावुकता। 'सामाजिक रूढ़ियों के विरुद्ध यदि सामूहिक विद्रोह होता तो इतना असन्तोष और निराशा का अनुभव न होता; किन्तु छायावादी कवि का विद्रोह वैयक्तिक था। इसलिए स्वभावत: उस एकाकी संघर्ष में उसे पद-पद पर पराजय और निराशा का अनुभव हुआ, दुख उसका सहचर बन गया। छायावाद की आरम्भिक कविताओं में 'उच्छ्वास' और 'आँसू' का बाहुल्य इसीलिए है। कवि की इस मन:स्थिति को उसकी असामाजिकता तथा एकान्तप्रियता ने और भी गहरे विषाद से रँग दिया। जिन कवियों में स्पष्ट 'उच्छ्वास' और 'आँसू' नहीं हैं; उनमें एक विलक्षण प्रकार का 'विषाद' दृष्टिगोचर होता है। 'प्रसाद' के झरना का 'विषाद' तथा उनके 'स्कन्दगुप्त' की अवसाद और उदासी से मिली-जुली विषण्ण मन:स्थिति ऐसी ही है! 'कामायनी' के एकाकी मनु की आरम्भिक 'चिन्ता' और निराशा इसी विषाद के दूसरे पहलू हैं। पंत जी का 'उन्मन गुन्जन' भी ऐसा ही कुछ है।

बात यह है कि आधुनिक परिस्थितियों ने इस युग के व्यक्ति को अत्यधिक संवेदनशील बना दिया; वह अपने उल्लास, आह्लाद, व्यथा आदि किसी को भी दबा सकने में असमर्थ था। इन भावों की व्यंजना यों तो पहले के कवियों ने भी की है, किन्तु उनके एक प्रकार के संयम और मर्यादा का अनुभव होता है। कबीर, सूर, तुलसी के करुणा-विगलित आर्त आत्म-निवेदन में भी परिणत वय और धीर स्वभाव का संयम है। किन्तु छायावादी कवि में उच्छल भावुकता का अबाध उदगार है; यहाँ तक कि भावुकता छायावाद का पर्याय हो गई। आमतौर से लोगों में छायावादी कहने के माने ही था किसी को अत्यन्त भावुक कहना!

नि:सन्देह विकास-क्रम में यह भावुकता धीरे-धीरे कम होती गई और कैशोर भावुकता का स्थान प्रौढ़ चिन्तन ने ले लिया।

लेकिन अतिरिक्त-सी प्रतीत होने वाली इस कैशोर भावुकता ने छायावादी कवि को ऐसी अन्तर्दृष्टि दी, जिसे कल्पना-शक्ति कहते हैं। यों तो यह कह सकना कठिन है कि भावुकता ने कल्पना-शक्ति को जाग्रत किया या कल्पना-शक्ति ने भावुकता

को; फिर भी यह निश्चित है कि छायावादी भावुकता और कल्पना में अन्योन्याश्रित और अभिन्न सम्बन्ध है। कविता में भावाभिव्यंजन और कल्पनाकलन पहले भी हुआ है, परन्तु भाव-प्रबलता से प्रेरित कल्पना-शक्ति का जो वैभव छायावादी कविता में दिखाई पड़ा, वह अभूतपूर्व है। छायावादी कवि इस रोमैंटिक अथवा स्वच्छंद कल्पना को केवल 'कल्पना' नाम से ही पुकारते थे। सम्भवत: 'कल्पना' शब्द का जितना अधिक प्रयोग और उसकी जितनी लोकप्रियता छायावाद के द्वारा मिली, उतनी पहले कभी न मिली थी। छायावाद-युग में 'कल्पना' कविता का पर्याय हो गया। निराला ने कविता को 'कल्पना के कानन की रानी' कहा और पंत ने अपने 'पल्लव' की कविताओं को 'कल्पना के से विह्वल बाल'।

छायावादी कवियों के लिए कल्पना बिलकुल बुनियादी चीज थी—कल्पना उनके व्यक्तित्व का अभिन्न अंग थी, उनकी कल्पना-शक्ति को दबाने का अर्थ था स्वयं उनके व्यक्तित्व को दबाना। कल्पना ही उनकी वह शक्ति है, जिसके द्वारा वे अपने बन्धनों की सीमा में रहते हुए भी उन्मुक्त आकाश में विचरण करने का सुख लेते थे। कल्पना छायावादी कवि के मन की पाँख थी; वह उसकी स्वतंत्रता, मुक्ति, विद्रोह, आनन्द आदि की आकांक्षाओं की प्रतीक थी।

कल्पना के द्वारा एक ओर वह अतीत में जा पहुँचा था, दूसरी ओर भविष्य के स्वर्ण-युग को आँखों के सामने साकार करता था; एक ओर असीम आकाश में उड़कर आनन्द-लोक बसाता था, दूसरी ओर वस्तुगत रहस्यों का पता लगता था। कल्पना उसकी राग-शक्ति भी थी और बोध-शक्ति भी।

कल्पना-शक्ति का उपयोग प्राचीन और मध्ययुग के कवियों ने भी किया है और इसके द्वारा काव्य में अत्यन्त रमणीय अप्रस्तुत-विधान की सृष्टि की है। कविता में प्रस्तुत के लिए जो अप्रस्तुत की योजना की जाती है, वह कल्पना का ही व्यापार है; मार्मिक उपमाओं के भावक कालिदास की कल्पना-शक्ति को इनकार नहीं किया जा सकता, लेकिन आधुनिक छायावादी कविताओं के साथ कालिदास की रचनाओं को मिलाकर देखने से स्पष्ट हो जाता है कि कल्पना कालिदास के लिए गौण वस्तु थी—वास्तविकता ही उसका प्रधान लक्ष्य था। कालिदास का 'मेघ' पंत के 'बादल' से अधिक वास्तविक और कम कल्पना-बाहुल है। 'मेघदूत' में मेघ के लिए जगह-जगह नि:सन्देह बड़ी ही मनोरम उपमाएँ और उत्प्रेक्षाएँ लाई गई हैं, लेकिन अन्तत: उससे रामगिरि से लेकर कैलास तक की भारतभूमि की यात्रा कराई गई है। कालिदास का मेघ उत्तर भारत की नदियों और पहाड़ों को ही देखता हुआ कैलास नहीं पहुँच जाता बल्कि विदिशा, उज्जयिनी, दसपुर आदि प्रसिद्ध नगरों को भी देखना नहीं भूलता—यहाँ तक कि उज्जयिनी उसके रास्ते में नहीं पड़ती,

फिर भी उस महानगरी के लिए मेघ थोड़ा घूम जाता है। वास्तविकता की ओर कालिदास का ध्यान इतना था कि नगरों के अतिरिक्त जनपदों से भी अपने मेघ को जाने का आदेश देते हैं—उन्हीं जनपदों में से एक है मालवा, जिसके तुरन्त जोते हुए खेतों से उठने वाली सोंधी गंध से गुजरते हुए मेघ का सौन्दर्य वहाँ की जनपद-वस्तुओं के लोचनों से लिया जाता है। जनपदवासियों को स्नेह करने वाले कालिदास मेघ से आग्रह के साथ कहते हैं कि फूल चुनते-चुनते जो मालवी मालिनियाँ थक गई हैं और पसीने के कारण जिनके कर्णफूल कुम्हला गए हैं, उनका पसीना अवश्य पोंछ देना।

लेकिन पंत जी का वायवी 'बादल' यही नहीं कि इस धरती से.सर्वथा अनजान है, बल्कि स्वयं भी अधिकांशत: कल्पना-पुंज है। इस 'बादल' का परिचय स्वयं उसी के शब्दों में—

हम सागर के धवल हास हैं
जल के धूम, गगन की धूल
अनिल फेन, ऊषा के पल्लव
वारिवसन, वसुधा के मूल;

नभ में अवनि, अवनि में अम्बर,
सलिल भस्म, मारुत के फूल
हम ही जल में थल, थल में जल
दिन के तम, पावक के तूल।

किसी वस्तु को देखकर यदि प्राचीन कवि को अधिक-से-अधिक उस वस्तु से मिलती-जुलती अथवा उससे सम्बद्ध दो-एक अन्य अप्रस्तुत वस्तुओं की ही याद आती थी, तो छायावादी कवि के मन में सैकड़ों 'एसोसिएशंस' अथवा स्मृति-चित्र जग जाते थे। 'यमुना' को देखकर यदि बिहारी ने इतना ही कहा था कि—

सघन कुंज छाया सुखद, शीतल सुरभि समीर।
मन ह्वै जात अजौं वहै, वा जमुना के तीर॥

तो निराला के मन में यमुना से सम्बन्धित सैकड़ों स्मृति-चित्र उभर आए और 'यमुना' के किनारे उन्होंने कल्पना की एक दूसरी ही सृष्टि खड़ी कर दी। वस्तुत: निराला ने वर्तमान यमुना पर एक दूसरी 'यमुना' बहा दी और यह यमुना अतीत की यमुना का संस्मृत नवीन संस्करण है।

अतीत की ओर यह स्नेह-मुग्ध दृष्टि और उसे पुनर्जीवित करके लौटा लाने की आकुलता कल्पना के ही अनेक व्यापारों में से एक है—कवि यमुना से कहता है—

किस अतीत का दुर्जय जीवन
अपनी अलकों में सुकुमार
कनक-पुष्प-सा गूँथ लिया है
किसका है यह रूप अपार?

और फिर इस कल्पना-कलित यमुना के आदि स्रोत का पता पूछते हुए कवि कहता है—

किस अतीत से मिला आज वह
यमुने तेरा सरस प्रवाह!

और इसमें तनिक भी सन्देह नहीं कि निराला की इस यमुना का आदि स्रोत कल्पना का अतीत शिखर है, वर्तमान हिमालय नहीं!

इस परिवर्तित परिस्थिति की विभीषिका से घबड़ाकर पंत जी स्वर्णिम अतीत को पुकार उठते हैं—

कहाँ आज वह पूर्ण पुरातन वह सुवर्ण का काल
भूतियों का दिगन्त छवि जाल!

और प्रसाद तो जैसे अतीत-प्रवासी ही थे। महाप्रलय में विनष्ट देव-सृष्टि की मधुमय याद करते हुए प्रसाद के मनु कराह उठते हैं—'गया, सभी कुछ गया, मधुरतम!' यह वह सृष्टि थी जिसमें 'चलते थे सुरभित अंचल से जीवन के मधुमय निश्वास', और 'सौरभ से दिगन्त पूरित था अन्तरिक्ष आलोक अधीर!'

अतीत में मन की यह उड़ान वर्तमान से असन्तोष का ही परिणाम है।

जिस प्रकार वर्तमान से असन्तुष्ट मन अतीत की ओर भागता है, उसी तरह इस जगत् से असन्तुष्ट होकर किसी अन्य जगत् की खोज में निकल पड़ता है और न मिलने पर कल्पना के द्वारा एक सुखद लोक की सृष्टि कर डालता है। छायावाद-युग में 'उस पार' और 'क्षितिज के उस पार' जैसी बातें जो अक्सर सुनाई पड़ती थीं, वे इसी भावना की अभिव्यक्ति थीं। 'परिमल' में निराला स्पष्ट रूप से कहते हैं—*हमें जाना है जग के पार!* और 'कामायनी' के मनु जब आह भरते हैं—

आह, कल्पना का सुन्दर वह
जगत् मधुर कितना होता!
सुख स्वप्नों का दल छाया में
पुलकित हो जगता-सोता।

तो उसी कल्पना-लोक की ओर संकेत करते हैं।

कभी-कभी बिना किसी प्रकार के तात्कालिक असन्तोष के ही किसी सुन्दर दृश्य को देखकर मन दृश्य-जगत् से परे कल्पना के अदृश्य में जा पहुँचता है, जैसे निराला के 'तुलसीदास' को चित्रकूट की प्राकृतिक सुषमा देखते ही पंख लग जाते हैं—

वह उस शाखा का वन-विहंग
उड़ गया मुक्त नभ निरस्तरंग
छोड़ता रंग पर रंग-रंग पर जीवन

छायावाद में जो 'स्वप्नों' की बहुत चर्चा है, वह या तो ऐसे ही 'दिवास्वप्न' के रूप में अथवा जीवन-संघर्षों में थके हुए मन के सो जाने पर आए हुए सुखद स्वप्न के रूप में। जिस प्रकार छायावाद-युग की अधिकांश प्रतिमाएँ छायाजीवी हैं, उसी तरह अधिकांश पात्र स्वप्नजीवी हैं; यहाँ तक कि निराला के राम भी उनके 'तुलसी' की तरह रह-रहकर स्वप्नों में डूब जाते हैं—कभी उनकी आँखों में पृथ्वी-तनया—कुमारिका-छवि कौंध जाती है, कभी सामने का भूधर पार्वती-सा प्रतीत होने लगता है और अन्त में कल्पना की 'शक्ति' प्रकट होकर उन्हें वरदान दे जाती है। जीवन-संघर्षों में हारता हुआ व्यक्ति किसी प्रकार के कल्पना के द्वारा शक्ति अर्जित करता है अथवा आत्मविश्वास के लिए विजय की कल्पना करता है—'राम की शक्ति-पूजा' इसका सर्वोत्तम उदाहरण है।

दूसरी ओर प्राकतिक सौन्दर्य कवि की कल्पना को किस प्रकार जाग्रत करता है और उसे जगत्-जीवन को समझने की अन्तर्दृष्टि देता है, इसका उत्कृष्ट उदाहरण निराला का 'तुलसीदास' है। भारत की तत्कालीन वास्तविक स्थिति का बोध इस तुलसीदास को कल्पनालोक में ही होता है।

अन्तर्दृष्टि-दायिनी कल्पना और जीवन-शक्ति-दायिनी कल्पना—इन दोनों की सुन्दर अभिव्यंजना छायावादी काव्य में हुई है। प्रकृति-सौन्दर्यजनक कल्पना ने ही 'कामायनी' की चिन्ता पर मनु के मन में आशा का संचार किया और जीवन से निराश हृदय में जिजीविषा जगाई! मन अनुभव करने लगे—

'मैं हूँ' यह वरदान सदृश क्यों
लगा गूँजने कानों में।
मैं भी कहने लगा, 'मैं रहूँ'
शाश्वत् नभ के गानों में।

छायावाद युग की कविताओं को देखने से पता चलता है कि उन कवियों को संसार में वस्तु सबसे अधिक सुन्दर, उदात्त, मधुर अपराजेय अर्थात् किसी बात में श्रेष्ठ हुई है, उसे उन्होंने 'कल्पना' नाम दिया है अथवा कल्पना से उपमित किया है। पंत जी यदि बादल को 'विपुल कल्पना से त्रिभुवन की', 'अम्बुधि की कल्पना महान्' आदि कहते हैं; 'नक्षत्र' की 'ऐ अनन्त की अगम कल्पना' बतलाते हैं, 'छाया' को भी 'गूढ़ कल्पना-सी कवियों की' मानते हैं; तो 'अनंग' को 'प्रथम कल्पना कवि के मन में' और 'अप्सरा' को भी 'अखिल कल्पनामयि अयि अप्सरि' सम्बोधन करते हैं। इसी तरह प्रसाद जी भी हिमालय की उदात्तता बतलाने के लिए यही उपमान चुनते हैं—'विश्व कल्पना-सा ऊँचा वह!'

तात्पर्य यह कि कल्पना छायावादी कविता की मौलिक विशेषता है। इसी ने कवि को रहस्यदर्शी बनाया; असीम और अनन्त की सार्वभौम अनुभूति दी; अतिपरिचित वस्तुओं में भी अपरिचित सौन्दर्योद्घाटन की अन्तर्दृष्टि दी तथा विरूप वस्तुओं को भी रूपमय बनाने की क्षमता प्रदान की, इसी ने कवि में नवीन ऐन्द्रिय-बोध जगाए और अभूतपूर्व संवेदनशीलता उभारी।

छायावाद के अनुभूति-प्रवण कवियों ने वर्ण, ध्वनि, गंध, स्पर्श, रस आदि के अत्यन्त सूक्ष्म ऐन्द्रिय-बोध का परिचय दिया। 'अग्निशिखा' के रंग को स्पष्ट करते हुए प्रसाद जी उसी 'मधु पिंगल तरल अग्नि' कहते हैं तो हिम-संसृति पर पड़ते हुए आलोक का वर्ण-सौन्दर्य दिखलाने के लिए इस प्रकार की कल्पना करते हैं—

सित सरोज पर क्रीड़ा करता
जैसे मधुमय पिंग पराग।

इसी प्रकार अरुण अधर पर धवल मुस्कान की वर्णच्छायाएँ अलगाते हुए कहते हैं कि जैसे रक्त किसलय पर—

अरुण की एक किरण अम्लान
अधिक अलसाई हो अभिराम।

दूसरी ओर पंत जी नील लहरों पर सांध्य किरण के बुझते हुए आलोक का विश्लेषण इस प्रकार करते हैं—

लहरों पर स्वर्ण रेख सुन्दर पड़ गई नील ज्यों अधरों पर
अरुणाई प्रखर शिशिर से डर।

वर्ण-विवेक की तरह छायावादी कवियों ने ध्वनि-सम्बन्धी सूक्ष्मताओं की ओर भी ध्यान दिया। सन्नाटे की विचित्र-सी आवाज को शब्दों में पंत जी इस प्रकार रखते हैं—

गुंजित अलि-सा निर्जन अपार!

अथवा सांध्य वन के क्रमश: थमते हुए रव का यह चित्र—

पत्रों के आनत अधरों पर सो गया निखिल वन का मर्मर!

और पावस-कालीन पपीहा, झींगुर, दादुर, बादल, बूँदें, निर्झर आदि से उठने वाले विभिन्न प्रकार के स्वरों का यह चित्र—

पपीहों की वह पीन पुकार
निर्झरों का भारी झर् झर्
झींगुरों की झीनी झनकार
घनों की गुरु-गम्भीर-घहर
बिन्दुओं की छनती-छनकार
दादुरों के वे दुहरे स्वर।
हृदय हरते हैं विविध प्रकार
शैल-पावस के प्रश्नोत्तर।

ऐन्द्रिय-बोध के अतिरिक्त अन्तर्दृष्टिदायिनी कल्पना के मन में अनेक प्रकार की सूक्ष्म अनुभूतियाँ तथा उन अनुभूतियों को अच्छी तरह व्यक्त करने की क्षमता जगाई। जैसे सुधि में प्रिया के साथ की हुई बातों को दुहराना—

पूर्व सुधि सहसा जब सुकुमारि!
सरल-शुक-सी सुखकर-सुर में!
तुम्हारी भोली बातें
कभी दुहराती है उर में

(पल्लव : *आँसू*)

अथवा नव-परिचय के क्षण की सतत रहस्यमयता—

नित्य परिचित हो रहे तब भी रहा कुछ शेष
गूढ़ अन्तर का छिपा रहता रहस्य विशेष
दूर जैसे सघन वन अन्त वन-पथ का आलोक
सतत होता जा रहा हो, नयन की गति रोक।

(कामायनी : *वासना*)

अथवा प्रणय के प्रथम उदय-काल की मन:स्थिति—

दूर थी,
खिंचकर समीप ज्यों मैं हुई
अपनी ही दृष्टि से,
जो था समीप विश्व
दूर दूरतर दिखा।

(अनामिका : *प्रेयसी*)

इस तरह की अनुभूतियों की सूक्ष्मता प्रसाद जी की 'कामायनी' और 'प्रलय की छाया' जैसी लम्बी कविताओं में काफी मिलेगी।

लेकिन इस कल्पना ने एक ओर छायावाद में जहाँ इतनी विशेषताएँ पैदा कीं, वहाँ दूसरी ओर जब धीरे-धीरे इसका अतिरेक होने लगा तो कल्पना-प्रवण अन्तर्दृष्टि अधिक गहन, गूढ़ और रहस्यमय हो गई; फलत: गहराई की जगह दुर्बोध उलझनों तथा अस्पष्ट भावों की सृष्टि होने लगी। प्रसाद जी की 'कामायनी' में ऐसे स्थल काफी हैं। कल्पना की ऊँची उड़ान से कभी-कभी वस्तु चित्रण में भी अस्पष्टता आई, जैसे पंत जी की 'अप्सरा' में। परन्तु निराधार कल्पना के विकार अधिक प्रकट हों, इसके पहले ही यथार्थवाद की तीव्र आँच से छायावादी 'आइकेरस' के कल्पना के मोमी पंख पिघलने लगे और 'छत्तीस तक जाते-जाते अपने आप कविता में कल्पना-शक्ति अत्यन्त क्षीण हो गई।'

छायावाद की इस स्वानुभूति, भावुकता, कल्पना आदि से अपने अनुकूल शब्द-चयन, वाक्य-विन्यास, प्रतीक-योजना तथा छंद-गठन भी किया।

छायावाद को उत्तराधिकार में द्विवेदी-युग में इतिवृत्तात्मक शब्द-समूह प्राप्त हुआ था, जिसके द्वारा न तो वैयक्तिक अनुभूति की भावुक अभिव्यंजना हो सकती थी और न वस्तुगत सूक्ष्म सौन्दर्य का चित्रण हो सकता था, परन्तु छायावादी भावुकता का विद्युत-स्पर्श होते ही कल्पना के पंखों का सहारा पाकर

जड़ भाषा उन्मुक्त आकाश में उड़ चली। अतीत-यात्रा में कालिदास, भवभूति, बाणभट्ट आदि संस्कृत कवियों की ललित पदावली मन के साथ लिपटी हुई चली आई। अपने मध्ययुगीन ब्रजभाषा-काव्य के भी अनेक शब्द, जो संस्कार-स्वरूप अवचेतन में पड़े हुए थे, ऊपर आ गए। रवीन्द्रनाथ की संस्कृत-शाद्वल बंगला कविताओं की गूँज ने भी नवीन शब्दों का वातावरण तैयार कर दिया। अंग्रेजी की रोमैंटिक कविताओं को पढ़ते-पढ़ते भी काफी शब्द मन ही मन अनूदित होते रहे। इस प्रकार पतझर की भाषा देखते-देखते कुसुमित शब्दों से लद गई। शब्दों के चयन और निर्माण में छायावादी कवियों ने कितना श्रम किया, इसका कुछ आभास शब्द-शिल्पी पंत जी की 'पल्लव' की 'भूमिका' से हो सकता है। फिर भी छायावादी कविता का शब्द-सौन्दर्य उसके स्वतंत्र शब्दों में उतना नहीं है जितना शब्दों के लयमय क्रम में है। अलग-अलग लेने पर वे शब्द प्रायः संस्कृत के काव्यों अथवा कोशों में मिल जाएँगे, लेकिन यदि उन्हीं शब्दों को कविता के संगीतमय क्रम में देखें तो पता चलेगा कि ये शब्द-मैत्री तथा लय अभूतपूर्व हैं। पंत, प्रसाद, निराला, महादेवी की रचना से एक-एक उदाहरण लेकर इसको स्पष्ट किया जा सकता है—

पंत :

स्वर्ण, सुख, श्री, सौरभ में भोर
विश्व को देती है जब बोर
विहंग कुल की कलकंठ हिलोर
मिला देती भू नभ के छोर

प्रसाद :

मधुमय वसन्त जीवन वन के
वह अन्तरिक्ष की लहरों में
कब आए थे तुम चुपके-से
रजनी के पिछले पहरों में।

महादेवी :

स्पन्दन में चिर निस्पन्द बसा
क्रन्दन में आहत विश्व हँसा
नयनों में दीपक से जलते
पलकों में निर्झरिणी मचली।

निराला :

दिवसावसान का समय
मेघमय आसमान से उतर रही है
वह संध्या-सुन्दरी परी-सी
धीरे-धीरे-धीरे

इन चारों उद्धरणों से सम्पूर्ण छायावादी काव्य के शब्द-चयन का यों पता नहीं चल सकता, लेकिन मुख्य प्रवृत्ति का आभास मिल सकता है। इसके अतिरिक्त चारों कवियों की विशिष्ट रुचियों का भेद भी मालूम हो जाता है। पंत के शब्द अपेक्षाकृत छोटे, असंयुक्त वर्णवाले, हल्के तथा वायवी हैं। प्रसाद के शब्द अधिक प्रगाढ़, मधुमय और नादानुकृतिमय हैं। महादेवी के शब्दों में रुपये की-सी स्पष्ट ठनक और खनक है और निराला में सन्धि-समास युक्त विविध जाति और ध्वनिवाले शब्दों में भी अनुप्रासमय व्यंजन-संगीत उत्पन्न करने की चेष्टा है। छायावाद के इन चारों कवियों में निराला को छोड़कर शेष तीनों में सर्वत्र अपने-अपने ढंग के प्राय: एक से शब्दों का संकल्प मिलता है; केवल निराला में शब्द-चयन की विविधता तथा अनिश्चितता है।

छायावादी कविता के शब्द-समूह का दूसरा पहलू वह है जहाँ अतिशय शब्द-मोह दिखाई पड़ता है। मधुर ध्वनिवाले शब्दों के मोह में पड़कर छायावादी कवियों ने प्राय: आवश्यकता से अधिक शब्दों का व्यय किया है। जिस प्रकार छायावादी कविता में अनावश्यक कल्पना-बाहुल्य मिलता है, उसी प्रकार अनावश्यक शब्दों की फिजूलखर्ची भी दिखाई पड़ती है। फिर भी भावों का क्षेत्र सीमित होने के कारण छायावाद का शब्दकोश काफी सीमित है।

भावोच्छ्वास की प्रधानता के कारण छायावादी वाक्य-प्रवाह में शब्दों का क्रम प्राय: गड़बड़ा गया। प्रसाद की भाषा में इस तरह के दूरान्वयवाले वाक्य बहुत मिलते हैं। इसके अतिरिक्त भाषा को कोमल बनाने के लिए प्राय: सभी छायावादी कवियों ने 'है', 'था' आदि सहायक क्रियाओं का बहिष्कार किया। इस पर अपना मन्तव्य प्रकट करते हुए 'पल्लव' की भूमिका में पंत जी लिखते हैं, 'खड़ी बोली की कविता में क्रियाओं और विशेषत: संयुक्त क्रियाओं का प्रयोग कुशलतापूर्वक करना चाहिए, नहीं तो कविता का स्वर (एक्सप्रेशन) शिथिल पड़ जाता है और खड़ी बोली की कविता में यह दोष सबसे अधिक मात्रा में विराजमान है। 'है' को तो जहाँ तक हो सके निकाल देना चाहिए, इसका प्रयोग प्राय: व्यर्थ ही होता है।

फलत: कभी-कभी इस प्रकार के निष्क्रिय वाक्यों की शृंखला दिखाई पड़ती है—

तरुवर के छायानुवाद सी
उपमा सी, भावुकता सी
अविदित भावाकुल भाषा सी
कटी छँटी नव कविता सी

यह है आगे-पीछे दोनों ओर से कटी-छँटी नव कविता की भावाकुल भाषा का एक नमूना। लेकिन ऐसा प्राय: कम ही हुआ है।

शब्द-चयन की तरह छंद और काव्य-संगीत के क्षेत्र में भी छायावादी भावावेग ने नई दिशाएँ खोज निकालीं। छायावाद से पहले के कवियों की सारी शक्ति खड़ी बोली की स्वाभाविक छंद : प्रवृत्ति तथा छंद प्रकृति की खोज में लग गई और पर्याप्त श्रम के बाद लावनी, संस्कृत के अतुकान्त वर्णवृत्त आदि बँधे चरणों वाले छंद निश्चित किए गए। छायावादी कवियों ने इस बँधी परिपाटी के विरुद्ध पहली स्थापना यह की कि छंद : प्रकृति का मौलिक आधार है भाव-लय। छायावाद के भावुक कवि ने अनुभव किया कि पूर्ववर्ती कवियों की तरह छंदों के साँचे के अनुसार भावों को मोड़ना भावों के साथ अन्याय करना है। इसलिए उसने विविध भाव-लय के अनुसार छंद-लय और भाव-प्रवाह के अनुसार चरणों का आकार परिवर्तित किया। पंत जी के 'उच्छ्वास' में भावानुकूल छंद के लय और चरणों का द्रुत परिवर्तन द्रष्टव्य है—

सिसकते अस्थिर मान से
बाल बादल सा उठकर आज
सरल अस्फुट उच्छ्वास।
अपने छाया के पंखों में
(नीरव घोष भरे शंखों में)
मेरे आँसू गूँथ फैल गम्भीर मेघ सा
आच्छादित कर ले सारा आकाश।

इन सात पंक्तियों में लगभग छह जगह छंद में मोड़ आए हैं। पीछे इस द्रुत परिवर्तन से भाव-प्रवाह में बाधा पड़ते देख कवि ने छंद-संगति की ओर विशेष ध्यान दिया।

छंदोविधान में भाव-विवेक के आगमन से स्वच्छंद छंद अथवा मुक्त छंद का प्रचलन हुआ और निरालाजी इसके प्रवर्तक हुए। भावों के स्वच्छंद विकास के लिए कवि ने चरण और तुक, सबके बन्धन ढीले करके केवल स्वर प्रवाह की रक्षा

की। इस तरह प्राचीन घनाक्षरी छंद के स्वर-प्रवाह में निराला ने अनेक मुक्त छंद लिखे। निराला के लिए छंद सचमुच ही छंद (बन्धन) प्रतीत हुआ, इसलिए उन्होंने स्वच्छंदतावाद के लिए छंदों के बन्धन को भी तोड़ना अनिवार्य समझा। उनकी 'जूही की कली' ऐसे ही मुक्त छंद में खुली। उन्होंने कविता से प्रगल्भ होकर कहा कि *जा तू प्रिये छोड़कर बन्धनमय छंदों की राह*।

इस तरह लम्बे भावों के लिए लम्बी कविताओं के छंदोविधान के अतिरिक्त छोटे-छोटे भावों के लिए छायावाद ने लोकगीतों के आधार पर गीतों की रचना की। हिन्दी में सफल प्रगति की रचना सबसे पहले छायावाद-युग में हुई। निराला और महादेवी वर्मा ने इस दिशा में सबसे अधिक काम किया। छंदोवैचित्र्य की दृष्टि से सम्भवत: निराला की देन सबसे अधिक है।

अलंकार-योजना की दृष्टि से अपने पूर्ववर्ती द्विवेदी-युग की तुलना में तो छायावाद आगे है ही, सम्पूर्ण हिन्दी काव्य में भी इसे अद्वितीय कहा जा सकता है। प्राचीन काव्य के पक्षधर आचार्य शुक्ल ने भी स्वीकार किया है कि छायावादी कवियों ने लाक्षणिक साहस सबसे अधिक दिखाया। उनके अनुसार, 'आभ्यंतर प्रभाव-साम्य के आधार पर लाक्षणिक और व्यंजनात्मक-पद्धति का प्रचुर विकास छायावाद की काव्य-शैली की असली विशेषता है।'

कल्पना-प्रधान काव्य में अनूठी उपमाओं और प्रतीकों का बाहुल्य तथा भाव-विदग्ध हृदय में लाक्षणिक वक्रता-भरी भाषा का निकलना स्वाभाविक है।

स्वभाव की शीतलता बतलाने के लिए *चाँदनी का स्वभाव में वास* कहना और विचारों का भोलापन दिखाने के लिए *विचारों में बच्चों को साँस* लिखना नूतन प्रतीक-व्यंजन का उदाहरण है।

इसी प्रकार गद्‌गद स्वर के आह्लाद की अभिव्यक्ति के लिए *खिला पुलक कदम्ब-सा था भरा गद्‌गद बोल* और प्रवासिनी-प्रिया की मधुर याद को प्रकट करने के लिए प्रिया को दूर की तान से उपमित करना नवीन औपम्य-विधान के सूचक हैं। प्रवासित 'रत्नावली' के लिए निराला की यह उपमा देखिए—

वह आज हो गई दूर तान
इसलिए मधुर वह और गान

छायावादी कवियों—विशेषत: पंत जी ने विशेषणों के प्रयोग में अद्‌भुत चमत्कार पैदा किया। एक छोटे-से विशेषण के द्वारा पंत जी ने कई वाक्यों में कही जाने योग्य बात कह दी है। नील झंकार, गंध-गुंजित, तुतला उपक्रम, मूर्च्छित आतप, तुतला भय, तुमुल तम जैसे सैकड़ों विशेषण-जन्य सुन्दर प्रयोग पंत में अनायास मिलेंगे।

चित्रात्मकता छायावादी कविता की बहुत बड़ी विशेषता है। विराट् उपमाओं के सहारे कभी-कभी बड़े ही मनोरम चित्रों की रचना की गई—जैसे महादेवी के ये दो चित्र—

अवनि-अम्बर की रुपहली सीप में
अरल मोती-सा जलधि जब काँपता

और

तम-तमाल ने फूल
गिरा दिन पलकें खोलीं

इन सबका महत्त्व स्वीकार करते हुए भी पंत जी के शब्दों में कहना है कि छायावाद 'काव्य न रहकर केवल अलंकृत संगीत बन गया था।'

[4]

छायावाद के बारे में प्राय: कहा जाता है कि इनका सम्बन्ध तत्कालीन राष्ट्रीय आन्दोलन से कतई न था। आलोचकों का बड़ा पुराना आरोप है कि जिस समय देश में स्वतंत्रता के लिए संघर्ष हो रहा था, छायावादी कवि कल्पना-लोक में बैठकर हृत्तंत्री के तार बजाया करते थे, लेकिन ऐसा वही लोग कहते हैं जो साहित्य को समाज का अविकल अनुवाद समझते हैं। अच्छी तरह से देखने से पता चलेगा कि छायावाद ने अपने युग को अत्यन्त आवश्यक रूप में अभिव्यक्त किया है।

वस्तुत: हमारे राष्ट्रीय आन्दोलन के दो मोर्चे थे। एक मोर्चा प्राचीन सामन्ती मर्यादाओं के विरुद्ध था और दूसरा अंग्रेजी साम्राज्यवाद के विरुद्ध। छायावाद का व्यक्ति-स्वातंत्र्य सामन्ती मर्यादाओं के विरुद्ध बहुत बड़ा कदम था। निराला के 'पंचवटी-प्रसंग' में राम सीता से आधुनिक युवक के हृदय की बात कहते हैं—

छोटे-से घर की लघु सीमा में
बँधे हैं क्षुद्र भाव
यह सच है प्रिये
प्रेम का पयोनिधि तो उमड़ता है
सदा ही नि:सीम भू पर।

राजनीतिक और आर्थिक रूप में यही व्यक्ति स्वातंत्र्य शोषित कृषकों का पक्ष लेकर विप्लव के बादल का आह्वान करता था—

विप्लव रव से छोटे ही हैं शोभा पाते
तुझे बुलाता कृषक अधीर
ऐ विप्लव के वीर!

सामंती रूढ़ियों से नारी को मुक्त करके भी छायावादी कवि ने राष्ट्रीय आन्दोलन में सहयोग दिया। तिरस्कृता विधवा को 'इष्टदेव के मन्दिर की पूजा-सी पवित्र' कहना, भोग्या नारी के 'संग में पावन गंगा-स्नान' की कल्पना करना और उसे 'देवि, माँ, सहचरि, प्राण' कहकर पुकार उठना आदि बातें आधुनिक कवि के नारी आदर्श की सूचक हैं। छायावादी कवि ने नारी को अपमान के पंक और वासना के पर्यंक से उठाकर देवी और सहचरी के उच्च आसन पर प्रतिष्ठित किया। नैतिकता की पुरानी रूढ़ियों को तोड़कर उसने मानव-विवेक पर आधारित प्रेम सम्बन्धी नवीन नैतिक मूल्यों की स्थापना की; सूखे सुधारवाद की जगह छायावाद ने रागात्मक आत्म-संस्कार का बीजारोपण किया, मध्यवर्ग को व्यावसायिक प्रयोजनशीलता तथा अत्यन्त उपयोगितावादी दृष्टिकोण से मुक्त कर आदर्शवाद के उच्च आकाश में विचरण करने की प्रेरणा दी।

जहाँ तक साम्राज्य विरोधी मोर्चे का सवाल है, इस पर छायावादी ने स्पष्ट रूप से अंग्रेजों का विरोध तो नहीं किया, लेकिन परोक्ष रूप से साम्राज्यवाद के विरुद्ध देश-प्रेम, जागरण तथा आत्मगौरव का गान गाया। भारत-भूमि की प्रशंसा में प्रसाद का गाया हुआ गीत—

अरुण यह मधुमय देश हमारा।
जहाँ पहुँच अनजान क्षितिज को मिलता एक सहारा।
सरस तामरस गर्भ-विभा पर नाच रही तरु शिखा मनोहर
फैला जीवन-हरियाली पर मंगल कुंकुम सारा।

देश-प्रेम की भावप्रवण व्यंजना है।

इसी तरह प्रसाद का ही एक जागरण-गीत है—

हिमाद्रि तुंग श्रृंग से
प्रबुद्ध शुद्ध भारती
स्वयं प्रभा समुज्ज्वला
स्वतंत्रता पुकारती!

और अपने देशवासियों को जगाने के लिए ही छायावादी कवि अतीत गौरव का स्मरण कराते हुए कहता है—

हिमालय के आँगन में उसे प्रथम किरणों का दे उपहार
उषा ने हँस अभिनन्दन किया और पहनाया हीरक हार।

इन्हीं गीतों को ध्यान में रखते हुए महादेवी जी ने कहा है कि राष्ट्रीय भावना को लेकर लिखे गए जय-पराजय के गान स्थूल धरातल पर स्थित सूक्ष्म अनुभूतियों में जो मार्मिकता ला सके हैं, वह किसी और युग के राष्ट्रगीत दे सकेंगे या नहीं, इसमें सन्देह है।

परन्तु छायावाद में जहाँ एक ओर सामन्ती और साम्राज्य मान्यताओं के विरुद्ध इस प्रकार का भावात्मक विद्रोह है, वहीं दूसरी ओर इनसे पलायन की भी प्रवृत्ति दिखाई पड़ती है। महादेवी जी छायावाद को 'प्रकृति के बीच जीवन का उद्‌गीथ' भले ही कहें, किन्तु छायावादी कविता में प्रस्तुत और अप्रस्तुत रूप में प्रकृति की ही प्रधानता है। छायावादी कवि ने सामन्ती सामाजिकता के विरुद्ध आधुनिक व्यक्ति-स्वातंत्र्य का नारा तो अवश्य उठाया, लेकिन उसने वह व्यक्ति-स्वातंत्र्य प्रकृति के सरल वातावरण में प्राप्त करना चाहा। समाज से व्यक्ति को स्वतंत्र करके विकसित व्यक्तियों के आधार पर स्वस्थ सामाजिक व्यवस्था करने की जगह उसने प्रकृति की आदिम और सरल व्यवस्था की कल्पना की। यह उसकी अतिशय व्यक्तिवादिता तथा असामाजिकता है।

इसी प्रकार उसने नारी को भी मुक्त करने की घोषणा तो की, किन्तु उसे भी या तो एकदम अप्सरा बना दिया अथवा निष्प्राण देवी। बिना किसी ठोस आधार के उसका नारी-मुक्ति-आन्दोलन नारी के लिए दूसरा कारागार बन गया। इस बार नारी पुरुष के स्वच्छंद प्रेम का शिकार होने के लिए ही मुक्त हो गई।

असीम और अनन्त के नाम पर छायावादी कवि ने सार्वभौम भावना का तो प्रसार किया, किन्तु उसी असीम और अनन्त को अपने पलायन का विश्राम-स्थल भी बना लिया। क्षुद्र आवश्यकताओं से ऊपर उठकर उसने उच्च आदर्शवाद का पाठ तो अवश्य पढ़ाया, लेकिन फिर कोरे आदर्शवाद की पट्‌टी बाँधकर आँखों के सामने से वस्तुस्थिति को ओझल कर दिया।

परन्तु ये सभी सीमाएँ प्राय: उस युग के सम्पूर्ण मध्यवर्ग की हैं। उस युग के मध्यवर्गीय विचारों के प्रतिनिधि गांधीवाद में भी इसी तरह की असंगतियाँ दिखाई पड़ती हैं।

[5]

यों तो छायावाद संज्ञा कविता के लिए ही प्रयुक्त होती है, तथापि यह एक व्यापक जीवन-दृष्टि थी। इसकी अभिव्यक्ति कविता के ही क्षेत्र में सबसे अधिक हुई,

परन्तु कहानी, उपन्यास, नाटक यहाँ तक कि आलोचना भी इससे काफी प्रभावित हुई। प्रसाद के नाटक, कहानियाँ और उपन्यास छायावादी दृष्टिकोण के प्रभाव को अच्छी तरह प्रकट करते हैं। अन्य कवियों में निराला के 'अप्सरा', 'अलका', 'निरुपमा' आदि उपन्यास, महादेवी जी के 'अतीत के चलचित्र' तथा 'स्मृति की रेखाएँ' तथा पंत जी की कहानियाँ भी इससे प्रभावित हैं। सभी छायावादी कवियों तथा अन्य प्रभाववादी आलोचकों के आलोचनात्मक निबन्धों पर भी छायावादी दृष्टि का प्रभाव स्पष्ट है—विशेषत: महादेवी जी के निबन्धों पर। काव्यशैली की भाँति गद्यशैली पर छायावाद का प्रभाव स्पष्ट है। इस प्रभाव का सर्वोत्तम रूप प्रसाद और महादेवी के गद्य में मिलता है और निकृष्टतम रूप चंडीप्रसाद 'हृदयेश' की कहानियों में। भावात्मक और कल्पना-प्रवण जीवन दृष्टि होने के कारण छायावाद की अभिव्यक्ति मुख्यत: रचनात्मक साहित्य और उसमें भी केवल कविता में हुई।

कुल मिलाकर छायावाद आधुनिक खड़ी बोली कविता के स्वाभाविक विकास की चरम परिणति है। जैसा कि मुकुटधर पांडेय ने छायावाद के आरम्भिक युग में ही कहा था, "इसका सूत्रपात उस महापुरुष की दिव्य लेखनी से हुआ है जो वर्तमान कालीन हिन्दी भाषा का जनक माना जाता है।" स्पष्टत: मुकुटधर पांडेय का यह संकेत भारतेन्दु हरिश्चन्द्र की ओर था। मुकुटधर पांडेय ने भारतेन्दु को 'छायावाद का प्रवर्तक' नहीं कहा है, बल्कि उस परिवर्तन का सूत्रपात करनेवाला कहा है, जो कविता के भावराज्य में उस समय के अनुसार, विगत चालीस-पचास वर्षों में हुआ था। आज इस बात को समझने और मानने में कोई कठिनाई नहीं है, लेकिन एक जमाना था जब छायावाद को सर्वथा विदेशी प्रभाव मानकर उड़ा दिया जाता था। स्वयं आचार्य शुक्ल जैसे गम्भीर आलोचक का भी विचार था कि यदि अनेक विदेशी वादों से प्रभावित 'छायावाद' नाम की काव्यधारा हिन्दी में न चल पड़ती तो मैथिलीशरण गुप्त, मुकुटधर पांडेय आदि द्वारा प्रवर्तित हिन्दी की प्रकृत काव्यधारा—स्वच्छंदतावाद का स्वाभाविक विकास होता। 'जो यह होता तो क्या होता' जैसी अटकलबाजी छोड़कर यदि विचार करें तो स्पष्ट होगा कि मुकुटधर पांडेय आदि की स्वच्छंदतावादी काव्यधारा की स्वाभाविक परिणति छायावाद के रूप में हुई। मुकुटधर आदि स्वच्छंदतावादी कवि वस्तुत: छायावाद के ही पुरस्कर्ता थे, उसी प्रकार जैसे अंग्रेजी साहित्य में बर्न्स, वड्र्सवर्थ आदि कवि शेली, कीट्स, बायरन के पुरस्कर्ता थे। आज का इतिहासकार तो यही अनुभव करता है कि विदेशी साहित्य ने हिन्दी की स्वच्छंदतावादी काव्यधारा के विकास में बाधा नहीं डाली, बल्कि उसे छायावाद में रूपान्तरित होने में सहायता पहुँचाई।

छायावाद को द्विवेदी-युग की प्रतिक्रिया कहने से कुछ लोगों के मन में धारणा बन गई है कि छायावाद पूर्ववर्ती कविता की परम्परा के विरुद्ध कोई एकदम नई काव्य-प्रवृत्ति है, लेकिन जिनमें ऐतिहासिकता का थोड़ा-सा भी बोध है, वे जानते हैं, ऐतिहासिक विकास पूर्ववर्ती युग के अन्तर्विरोधों से तथा उसकी प्रतिक्रिया से ही होता है। फलतः छायावाद द्विवेदी-युग का ऐतिहासिक विकास है और इस प्रकार छायावाद हिन्दी साहित्य की परम्परा की एक महत्त्वपूर्ण कड़ी है। काव्य-सौष्ठव की दृष्टि से हिन्दी साहित्य में भक्ति-काव्य के बाद छायावादी-काव्य का ही नाम लिया जाता है।

जिस प्रकार बारहवीं-तेरहवीं सदी में शुरू होनेवाले मध्ययुगीन सांस्कृतिक पुनरुत्थान का चरमोत्कर्ष सोलहवीं सदी के भक्ति-काव्य में हुआ, उसी प्रकार उन्नीसवीं सदी में शुरू होने वाले आधुनिक सांस्कृतिक जागरण का चरमोत्कर्ष बीसवीं सदी के छायावादी काव्य तथा प्रेमचन्द के उपन्यासों में हुआ। हिन्दी साहित्य में छायावादी कविता का ऐतिहासिक महत्त्व होने के साथ ही शाश्वत् मूल्य है। छायावाद में अनुभूति अपेक्षाकृत कम और कल्पना वैभव अधिक है, इसलिए यह भक्ति-काव्य के बराबर नहीं आता, फिर भी इसमें मानव-हृदय को रसमग्न करने और शक्ति देने योग्य स्थायी गुण बहुत-से हैं।

छायावाद का ऐतिहासिक कार्य संक्षेप में रामविलास शर्मा के शब्दों में यह है कि "द्विवेदी-युग की वैष्णवी श्रद्धा और सशंक नैतिकता के बदले पहले-पहल अविश्वास और मानवीय प्रेम और श्रृंगार के स्वर सुनाई पड़ते हैं, नैतिकता के विरोध में उच्छृंखलता का रूप नहीं लिया। नए कवियों ने व्यक्तित्व के पूर्ण विकास के लिए उस सामाजिक स्वाधीनता की माँग की, जिसे पिछले युग के सामाजिक बन्धन दबाकर रखना चाहते थे। इन कवियों के नए ढंग से प्रकृति का चित्रण शुरू किया; इस तरह की कविता को उन्होंने लक्षण ग्रंथों की सीमाओं से उबार लिया। उद्दीपन या उपदेश के लिए प्रकृति का वर्णन काफी नहीं था। प्रकृति रूप में भी प्रकृति का उपयोग किया, लेकिन पहले-पहल हिन्दी कविता में उसके यथार्थ चित्र देखने को मिले। सामाजिक रचनाओं में दलित वर्ग के प्रति भावुक सहानुभूति प्रकट की, तो साथ ही साथ सामाजिक ढाँचा बदलने के लिए विप्लव और क्रान्ति की माँग भी की। रहस्यवादी कविताओं में उन्होंने आनन्द और प्रकाश में इष्टदेव की कल्पना की, लेकिन अपने जीवन की दारुण व्यथा को भी वे भुला नहीं सके। छंद और भाषा में नए प्रयोग करके उन्होंने रीतिकालीन आचार्यों को बता दिया कि हिन्दी कविता में एक नए युग का आरम्भ हो गया है।"

रहस्यवाद

[1]

रहस्य-भावना प्राचीन है, लेकिन 'रहस्यवाद' आधुनिक है और हिन्दी में छायावादी काव्य-आन्दोलन से सम्बद्ध है। हिन्दी-साहित्य में 'रहस्यवाद' शब्द का प्रयोग 1920 ई. से पहले नहीं दिखाई पड़ता है। जब मुकुटधर पांडेय, सुमित्रानन्दन पंत, जयशंकर प्रसाद की नवीन कविताएँ प्रकाश में आईं तो उनकी आलोचना-प्रत्यालोचना के सिलसिले में 'रहस्यवाद' शब्द का प्रयोग किया गया। कवीन्द्र रवीन्द्र की अंग्रेजी 'गीतांजलि' को देशी-विदेशी आलोचकों ने 'मिस्टिक' कहा था; इसलिए हिन्दी में भी उस तरह की कविताओं को 'मिस्टिक' और उनमें निहित भावधारा को 'मिस्टिसिज्म' समझकर उनके लिए हिन्दी शब्द 'रहस्यवाद' चलाया गया।

मई, 1927 ई. की 'सरस्वती' में 'सुकवि किंकर' नाम से आचार्य महावीर प्रसाद द्विवेदी ने 'आजकल के हिन्दी कवि और कविता' निबन्ध में इस विषय पर विचार करते हुए लिखा है कि "अंग्रेजी में एक शब्द है 'मिस्टिक' या 'मिस्टिकल'। पंडित मथुरा प्रसाद दीक्षित ने अपने त्रैभाषिक कोश में उसका अर्थ लिखा है— गूढ़ार्थ, गुह्य, गुप्त, गोप्य और रहस्य। रवीन्द्रनाथ की यह नए ढंग की कविता इसी 'मिस्टिक' शब्द के अर्थ की द्योतक है। इसे कोई रहस्यमय कहता है, कोई गूढ़ार्थ-बोधक कहता है और कोई छायावाद की अनुगामिनी कहता है।"

सम्भवत: उसी वर्ष 'माधुरी' में अवध उपाध्याय ने 'रहस्यवाद' पर लेखमाला प्रकाशित करवाई और 1928 ई. में आचार्य रामचन्द्र शुक्ल ने 'हिन्दी काव्य में रहस्यवाद' नाम से एक पुस्तक ही लिख दी।

इस प्रकार 'रहस्यवाद' छायावादी कविता की प्रवृत्ति-विशेष के लिए प्रयुक्त हुआ है।

आगे चलकर आलोचना-प्रत्यालोचना के सिलसिले में रहस्यवाद का विस्तार अतीत की काव्य-प्रवृत्तियों के लिए भी किया गया और आधुनिक रहस्यवादी

कवियों ने अपने पक्ष के समर्थन के लिए वेद, उपनिषद्, शैवागम, तंत्र, नाथ, सिद्ध, कबीर, मीरा आदि की रचनाओं में रहस्य भावना खोज निकाली। प्राचीन साहित्य में रहस्यवाद की परम्परा दिखाने वालों में प्रसाद जी का नाम सबसे पहले लिया जाना चाहिए। उनका 'रहस्यवाद' निबन्ध हिन्दी में सम्भवत: इस तरह का पहला प्रयत्न है; पीछे महादेवी वर्मा ने भी अनेक उदाहरणों से रहस्यवाद की प्राचीन परम्परा दिखलाई। इसके विपरीत शुक्ल जी ने अपने ढंग से रहस्यवाद को 'भारतीय काव्य-परम्परा' से बाहर की वस्तु माना। यद्यपि जायसी को रहस्यवादी कहने की परम्परा उन्होंने ही कायम की, फिर भी वे 'रहस्यवाद' को मुख्यत: आधुनिक काव्य-प्रवृत्ति मानते थे। आज भी हिन्दी में डॉ. हजारीप्रसाद द्विवेदी जैसे विद्वान् हैं जो कबीर आदि प्राचीन सन्तों की कविता के लिए 'रहस्यवाद' संज्ञा को अनुपयुक्त मानते हैं।

निष्कर्ष यह है कि हिन्दी साहित्य के इतिहास में छायावादयुगीन रहस्य-भावापन्न काव्य-प्रवृत्ति तक ही 'रहस्यवाद' को सीमित रखना समीचीन है।

[2]

रहस्यवाद का एक निश्चित दर्शन है, जिसके अनुसार सत्य 'रहस्य' है और उसका केवल 'दर्शन' होता है। सत्य का दर्शन सबको सब समय नहीं होता। विशेष व्यक्ति विशेष क्षण में ही सत्य को देख सकते हैं। ऐसे विशेष व्यक्ति को विशेष प्रकार की दृष्टि प्राप्त होती है, जिसे कभी-कभी 'अन्तर्दृष्टि' भी कहते हैं। प्राचीन काल में ऐसे सत्य-द्रष्टा 'ऋषि' कहलाते थे और 'कवि' भी, जिसका अर्थ होता था 'द्रष्टा'। 'धर्मस्य तत्त्व निहितं गुहायाम्' एवं 'ऋषियो मंत्र-द्रष्टार:' जैसे वाक्य रहस्यवाद के रहस्य और दर्शन के प्राचीन संकेत हैं।

रहस्यवादी को ज्ञान की प्रतीत किसी रहस्य के उद्घाटन या अनावरण के बोध के रूप में होती है, जैसे कोई छिपा हुआ सत्य सहसा दीख गया हो। इस ज्ञान-प्रतीति के बाद रहस्यदर्शी के लिए यह सोचना स्वाभाविक हो जाता है कि सत्य कोई रहस्यात्मक वस्तु है जो इस प्रतीयमान जगत् के अन्दर या पीछे कहीं छिपी हुई है, जिसके दर्शन स्थूल इन्द्रियों के आवरण के कारण सामान्यत: नहीं होते। इसीलिए वह प्रतीयमान जगत् को प्राय: भ्रम या मिथ्या समझा करता है और वास्तविकता को 'अज्ञात' ही नहीं बल्कि 'अज्ञेय' भी मान बैठता है। जब प्रतीयमान जगत् ही भ्रम है तो उसकी अनेकता एवं बहुलता भी अवास्तविक है। इसलिए रहस्यदर्शी प्रत्यक्ष जगत् की अनेकता के परे 'एकता' एवं भेद के परे अभेद को वास्तविकता मानता है। कालभेद और काल की वास्तविकता का भी निषेध इसी ज्ञान का परिणाम है

और सांसारिक दुख एवं सामाजिक बुराइयाँ भी इसीलिए रहस्यदर्शी को अवास्तविक प्रतीत होती हैं।

प्रतीयमान जगत् की अवास्तविकता का बोध होने के बाद इस प्रतीति के साधनों में अविश्वास होना स्वाभाविक है। फलतः रहस्यदर्शी इन्द्रिय-बोध के साथ-साथ बौद्धिक ज्ञान का भी निषेध करता है। रहस्य-ज्ञान में इन्द्रियों को प्रायः बाधक कहा गया है और बुद्धि को ज्ञान का शत्रु। रहस्यवादियों ने तर्क और बुद्धि का विरोध किया है क्योंकि विश्लेषण-परक होने के कारण बुद्धि सत्य को खंड-खंड करती है और भेदों की सृष्टि करती है। इसलिए ज्ञानोपलब्धि की वैज्ञानिक पद्धति जहाँ निरीक्षण-परीक्षण विश्लेषण-विवेचन आदि से युक्त एक क्रमबद्ध एवं सुदीर्घ व्यापार है, वहाँ रहस्यवाद अन्तर्दृष्टि से प्राप्त एक आकस्मिक घटना है। 'मिस्टिसिज्म एंड लॉजिक' शीर्षक निबन्ध में बर्टेंड रसेल ने विज्ञान के विपरीत रहस्यवाद की ज्ञान-मीमांसा का विस्तृत विवेचन किया है।

परन्तु सच पूछा जाए तो रहस्यवाद ज्ञान से अधिक 'अनुभूति' है। रहस्य-दृष्टि वस्तुतः एक विशेष प्रकार की अनुभूति है। रहस्यवादियों ने प्रायः एक प्रकार की विलक्षण रहस्यानुभूति की चर्चा की है। जैसा कि विलियम जेम्स ने 'वेराइटीज ऑफ रेलिजस एक्सीपीरिएंस' नामक पुस्तक में लिखा है, रहस्यवाद चित्त की एक विशेष दशा या अवस्था है जो कभी-कभी विशेष प्रकार के मादक द्रव्यों से भी प्राप्त की जा सकती है। इस रहस्यानुभूति की सामान्यतः चार विशेषताएँ होती हैं : अनिर्वचनीयता, झलक, क्षणिकता एवं किसी विराट् सत्ता द्वारा पूर्णतः अधिकृत होने की अनुभूति। ये चारों प्रकार की अनुभूतियाँ धार्मिक सन्तों में प्रायः मिलती हैं और काव्य-सृष्टि के समय कुछ कवि भी इन अनुभूतियों को अनुभव करते हैं।

रहस्यानुभूति की सभी विशेषताओं का समाहार करते हुए क्लार्क ने 'धर्म का मनोविज्ञान' नामक पुस्तक में लिखा है कि 'रहस्यवाद एक निश्चित किन्तु आकस्मिक धार्मिक चेतना की अवस्था है जो अंशतः सक्रिय एवं अंशतः निष्क्रिय होती है। यह असामान्यतः इतनी निजी होती है कि इसका वर्णन करना असम्भवप्राय है—अधिक-से-अधिक इसे प्रतीकों, पहेलियों या विरोधाभासों की भाषा में व्यक्त किया जा सकता है। इसमें रहस्यदर्शी किसी अलौकिक शक्ति की 'उपस्थिति' का अनुभव करता है, जो उस व्यक्ति की जीवन-दृष्टि को आमूल प्रभावित कर देती है। इस 'उपस्थिति' के प्रति रहस्यदर्शी की आवेशपरक भक्ति उसे नितान्त असांसारिक जीवन-मूल्यों की ओर ले जाती है और वे जीवन-मूल्य उसके आचरण को एक हद तक विचित्र बना देते हैं; फिर भी इस भक्ति के कारण उसके मनोजगत् में एक प्रकार का अन्तर्गठन दिखाई पड़ता है।

इस प्रकार रहस्यवाद एक निजी विश्वास है, जिसके अनुसार सत्योपलब्धि नितान्त निजी एवं वैयक्तिक वस्तु है और किसी सत्यकथन की सत्यता उस कथन से उत्पन्न होने वाली अनुभूति की तीव्रता से ही मापी जा सकती है। फलत: रहस्यवादी कविता का सृजन ही नहीं, बल्कि ग्रहण भी नितान्त निजी एवं वैयक्तिक कार्य है।

कुल मिलाकर बारोज डनहम के विदग्धतापूर्ण शब्दों में "रहस्यवाद से ज्ञान न सही, मुक्ति अवश्य मिलती है क्योंकि रहस्यवादी सबका अतिक्रमण कर जाता है और वह मुक्ति भी सबको न सही, स्वयं रहस्यवादी को अवश्य मिल जाती है।"

[3]

काव्य में रहस्य-भावना एक प्रकार से 'परोक्ष की जिज्ञासा' है। आधुनिक विज्ञान ने मनुष्य के सामने प्रकृति के अनेक रहस्यों को उद्घाटित कर दिया। मनुष्य को विश्व की विराटता का अनुभव नए ढंग से हुआ। वैज्ञानिक आविष्कारों तथा इन आविष्कारों की सहायता से प्रकृति के क्षेत्र में किए गए नवीन अन्वेषणों ने आधुनिक शिक्षित युवक के मानसिक क्षितिज का विस्तार किया। मध्ययुगीन अन्धविश्वासों का स्थान जिज्ञासापूर्ण विवेक ने लिया। उसे सम्पूर्ण जीवन और जगत् बदला हुआ लगा। चिर-परिचित प्रकृति में उसे ऐसे बहुत-से अपरिचित और सर्वथा नवीन तत्त्वों का आभास हुआ। जो दशा घर की श्वासरोधी अभेद्य दीवारों से घिरी हुई बहू की बाहर के उन्मुक्त वातावरण में आने पर होती है, वही मानसिक स्थिति पुरानी रूढ़ियों में जकड़े हुए आधुनिक मनुष्य की इस नए वातावरण में हुई। उसका मन सहस्त्र जिज्ञासाओं से भर उठा।

'प्रभातसंगीत' में संगृहीत रवीन्द्रनाथ की 'निर्झरेर स्वप्नभंग' कविता, जिससे वे अपनी काव्य-रचना का वास्तविक आरम्भ मानते हैं, इस नवीन जीवन-दृष्टि (विज़न) को भलीभाँति व्यक्त करती है—

आजि ऐ प्रभाते रविर कर
केमने पशिलो प्राणेर पर,
केमने पशिलो गुहार आँधारे प्रभात पाखिर गान।
ना जानि केनो रे एतदिन परे जागिया उठिलो प्रान।
जागिया उठेछे प्रान,
और उथलि उठेछे वारि,
ओरे प्राणेर वेदना प्राणेर आवेग रुधिया राखिते नारि।

थर थर करि काँपिछे भूधर
शिला राशि राशि पड़िछे खसे
फूलिया फूलिया फेनिल सलिल
गरजि उठिछे दारुण रोषे
हेथाय होथाय पागलेर प्राय
घूरिया घूरिया मातिया बेड़ाय—
बाहिरिते चाय, देखिये ना पाय कोथाय कारार द्वार।

यह छंद ही और है; रुद्ध हृदय का आकुल आवेग अद्‌भुत लय में बह निकला है; निर्भीक भाव से समस्त चारदीवारी को चुनौती देता हुआ यह विद्रोही हृदय बाह्य प्रकृति के रहस्यों को देखने के लिए आकुल हो उठा है।

'वीणा' के कवि सुमित्रानन्दन पंत में यही जिज्ञासा शिशु-सुलभ सरलता के साथ प्रकट हुई है; यहाँ रवीन्द्रनाथ का-सा ओज और पौरुष नहीं, किन्तु पंत की बाल-जिज्ञासा में नवीन दृश्य के प्रति जो विस्मय और कुतूहल का भाव दिखाई पड़ता है, वह भी उसी रहस्य-भावना का एक रूप है। 'प्रश्न रश्मि' की जिज्ञासा कुछ-कुछ इसी प्रकार की है जब कवि 'बाल-विहंगिनी' से पूछता है कि—

प्रथम रश्मि का आना रंगिणि
तूने कैसे पहचाना?

और नक्षत्रों से आता हुआ 'मौन निमंत्रण' भी उसी जिज्ञासा का दूसरा पहलू है, जिसमें नक्षत्रों के माध्यम से 'न जाने कौन' कवि-हृदय को नीरव निमंत्रण देता है।

कवि के लिए सम्पूर्ण प्रकृति गूढ़ संकेतों से भरी हुई प्रतीत होती है और आलोकपूर्ण नवीन ज्ञान का प्रभात उसे स्वप्न में चौंका जाता है; ये रहस्यभावापन्न गान उसी संकेत और जागरण के प्रतीक हैं—

आज सोये खग को अज्ञात
स्वप्न में चौंका गया प्रभात
गूढ़ संकेतों के हिल पात
कह रहे अस्फुट बात
आज कवि के चिर चंचल प्राण
पा गए अपना गान!

कवि की यह रहस्यदर्शी दृष्टि—

दूर, उन खेतों के उस पार
जहाँ तक गई नील झंकार

का भी पता पाना चाहती है।

यह तो 'अज्ञात की ओर निश्चित संकेत मात्र' है अथवा 'प्रकृति के क्षेत्र के किसी अभिव्यक्त सौन्दर्य या माधुर्य से उठे हुए आह्लाद की अनुभूति की व्यंजना' है, उसी को आचार्य शुक्ल 'स्वाभाविक रहस्यवाद' मानते हैं। इसको समझाते हुए वे कहते हैं—"शिशिर के अन्त में उठी हुई धूल छाई रहने के कारण किसी भारी मैदान के क्षितिज से मिले हुए छोर पर वृक्षावलि की जो धुँधली श्यामल रेखा दिखाई पड़ती है, उसके उस पार किसी अज्ञात दूर देश का बहुत सुन्दर और मधुर आरोप स्वभावतः आप-से-आप हो जाता है।...विश्व की विशाल विभूति के भीतर न जाने कितने ऐसे दृश्य हमारी अन्तर्वृत्ति को रहस्योन्मुख करते हैं।"

यह जो अज्ञात और असीम की अभिलाषा है, वह वस्तुतः ज्ञात सीमाओं के असन्तोष से ही उत्पन्न हुई है और यह असन्तोष तथा अभिलाषा केवल दिमागी ऐयाशी नहीं है; बल्कि इसका सामाजिक आधार है। यह असन्तोष और महत्त्वाकांक्षा उस मध्यवर्गीय व्यक्ति की है जो मध्ययुगीन पारिवारिक और सामाजिक रूढ़ियों को तोड़कर उन्मुक्त वातावरण में साँस लेने के लिए आकुल हो रहा था। वह प्राचीन सीमाओं से तो परिचित था, लेकिन नवीन क्षितिज की कोई स्पष्ट रूपरेखा उसके मन में न थी। वह इतना ही जानता था कि इन सीमाओं से परे जो कुछ है, वह असीम है। इसीलिए इन कविताओं में एक ओर 'असीम' से मिलने की तड़प है; तो दूसरी ओर कभी-कभी उस 'असीम' से मिल लेने का काल्पनिक सुख भी है, परन्तु वस्तुतः वह 'असीम' आकांक्षा का ही विषय रहा।

जब रवीन्द्र ने—

असीम से चाहे सीमार निबिड़ संग
सीमा चाय होते असीमेर माझे हारा।

कहा और महादेवी वर्मा ने—

जब असीम से हो जाएगा
मेरी लघु सीमा का मेल
देखोगे तुम देव, अमरता
खेलेगी मिटने का खेल

गाया, तो प्रकारान्तर से दोनों ही व्यक्तियों ने अपनी पूर्ववर्ती मानसिक और सामाजिक सीमाओं को तोड़कर नवीन सीमाओं (जिसे भावुकतावश वे असीम कहते थे) के ही निर्माण अथवा प्राप्ति की इच्छा व्यक्त की थी।

पुराने लोगों के लिए यह असीम मजाक का विषय था, लेकिन नवीन व्यक्ति उसको सर्वथा वास्तविक और अमिट समझता था क्योंकि उसके प्रति उसकी अभिलाषा सच्ची थी; इसीलिए वह उस सीमाहीनता का अनुभव भी कर लेता था। महादेवी जी को दृढ़ विश्वास है कि—

मैं अनन्त पथ में लिखती जो
अस्मित सपनों की बातें
उनको कभी न धो पाएँगी
अपने आँसू से रातें!

वस्तुतः यह युग ही ऐसा था 'जब सीमाहीनों से था मेरी लघुता का परिचय'!

मध्ययुगीन सामाजिक चारदीवारी की सीमाओं से आधुनिक कवि को इतना अधिक असन्तोष था कि वह नवीन क्षेत्र में भी किसी प्रकार की सीमा को स्वीकार करने के लिए तैयार न था; वह सीमा-मात्र को अभिशाप समझने लगा। इसलिए उसने साहसपूर्वक अपने मन के लिए सीमाहीन अनन्त आकाश माँगा और फिर उस आकाश में निरन्तर उड़ते रहने का सुख और इसी तरह अपनी जीवन-लीला समाप्त कर देने का वरदान चाहा। इसी आकांक्षा को महादेवी जी इस प्रकार व्यक्त करती हैं—

द्रुत पंखों वाले मन को
तुम अन्त-हीन नभ होना।

और

आते-जाते मिट जाऊँ
गाऊँ न पंथ की सीमा।

अपने प्रिय से मिलन की अपेक्षा सदैव विरह की याचना करना इसी आकांक्षा की प्रेम-सम्बन्धी अभिव्यक्ति है। स्वच्छंद प्रेम की यह रहस्यवादी अभिव्यंजना है। जिस समाज में अभीष्ट प्रिय की वैध रीति से प्राप्ति असम्भव अथवा कठिन हो, जिस सामाजिक व्यवस्था में अपने स्नेहपात्र को प्रत्यक्ष रीति से वरण करने में अपमान की आशंका हो, उसमें चिर-विरह की याचना के सिवा सन्तोष का और क्या उपाय है? इस तरह की रहस्यवादी व्यथा वास्तविक की ही आध्यात्मिक प्रतिच्छाया है।

असीम की तो कोई निश्चित सीमा नहीं, इसलिए उसका अज्ञात रहना स्वाभाविक ही है। आधुनिक रहस्यवादी कवियों ने उनके प्रति बराबर अनजान संकेत ही किए हैं; क्योंकि वस्तुत: आनेवाली दुनिया के बारे में उनकी जानकारी नहीं के बराबर थी। प्राचीन मर्यादाओं से तो वे पूर्ण परिचित थे; किन्तु बननेवाली नवीन मर्यादाओं की स्पष्ट जानकारी उन्हें न थी; नवीन समाज-व्यवस्था उनके लिए अज्ञात ही नहीं, अव्यक्त भी थी। इसी को महादेवी जी ने 'अव्यक्त पूर्णता' कहा है और इसके विपरीत प्राचीन समाज-व्यवस्था को 'अव्यक्त अपूर्णता'। फलत: उनके अनुसार 'अपनी व्यक्त अपूर्णता को अव्यक्त पूर्णता में मिटा देने की इच्छा' ही रहस्यवाद है।

लेकिन नवीन उनके लिए सर्वथा अज्ञात रहा हो, ऐसा प्रतीत नहीं होता; वस्तुत: उसकी रूपरेखा अस्पष्ट थी। नवीन का वे कुछ-कुछ अनुभव अवश्य करते थे, परन्तु ठीक-ठीक उसे समझ नहीं पाते थे। यह सम्भवत: उनके भाववादी दृष्टिकोण की सीमा थी। वे उसे पूरा-पूरा देख नहीं पाते थे, लेकिन उनकी झलक उन्हें अवश्य मिलती थी। इसी बात को वे प्रतीकात्मक ढंग से इस प्रकार कहते थे कि प्रिय तो 'आवरण' में आता है, उसकी तो केवल झलक भर दिखाई पड़ती है।

जब प्रसाद ने कहा कि—

शशि मुख पर घूँघट डाले
अंचल में दीप छिपाए
जीवन की गोधूलि में
कौतूहल से तुम आए

और महादेवी जी ने गाया कि—

रजत रश्मियों की छाया में धूमिल घन-सा वह आता।

अथवा

मेरे प्रियतम को भाता है तम के परदे में आना।

तो प्रकारान्तर से उन्होंने वास्तविकता-सम्बन्धी अपनी अस्पष्ट धारणा को ही व्यक्त किया।

रहस्यवादी काव्य में इस 'अस्पष्टता' का बड़ा प्रमुख स्थान है और इसे कवियों ने अनेक प्रकार के सुन्दर प्रतीकों के द्वारा व्यक्त किया है। इनके यहाँ 'स्वप्न' अथवा 'स्वप्न मिलन' का जो इतना अधिक उल्लेख मिलता है, वह इसी भावना

का प्रतीक है। यदि किसी का प्रिय सपने में आता है तो किसी का प्रिय स्वयं सपना बनकर आता है।

धीरे-धीरे यह अस्पष्टता ही इन कवियों की सीमा हो गई और इससे उन्हें मोह हो गया। वे बराबर उसी मानसिक स्थिति का आह्वान करने लगे। स्वप्न इनके लिए वरदान हो गया और जागरण अभिशाप।

तत्कालीन समाज की पृष्ठभूमि में इस मानसिक स्थिति को समझा जा सकता है। राजनीति के क्षेत्र में काम करने वाले तत्कालीन नेताओं और बुद्धिजीवियों की दृष्टि में भी इस प्रकार की अस्पष्टता थी और वे विवेक एवं तर्क-सम्मत बौद्धिक पद्धति को छोड़कर गांधी जी की अन्तर्दृष्टि पर निर्भर रहने में कल्याण मानते थे। 'युगान्त' के बाद सन् छत्तीस में 1921 वाले पूर्ववर्ती युग का सिंहावलोकन करते हुए पं. जवाहरलाल नेहरू अपनी आत्मकथा में लिखते हैं कि "उस समय हम कर्म के आवेगपूर्ण प्रवाह में आगे बढ़ते रहे—अस्पष्टता एवं तीव्रता के साथ, लेकिन अपने लक्ष्य के बारे में स्पष्ट चिन्तन का एकदम अभाव था। आज यह आश्चर्यजनक लगता है कि उस समय हमने अपने आन्दोलन के दर्शन, उसके सैद्धान्तिक पक्षों एवं अपने निश्चित उद्देश्य की कैसे उपेक्षा की। गांधी जी ने स्वयं इस विषय पर अद्‌भुत रूप में अस्पष्ट थे और उन्होंने इसके बारे में स्पष्ट ढंग से सोचने के लिए प्रोत्साहित भी नहीं किया। गांधी जी ने किसी समस्या को बौद्धिक ढंग से हल करने पर कभी जोर भी नहीं दिया। वे तो चरित्र और आचरण की पवित्रता पर जोर देते थे।"

राजनीति में लक्ष्य की अस्पष्टता, अबौद्धिक जीवन-दृष्टि एवं भावावेग की तीव्रता काव्य के रहस्यवाद से किसी भी मामले में कम नहीं है—यहाँ तक कि इस राजनीतिक वक्तव्य की भाषा आश्चर्यजनक रूप में काव्यात्मक है। नेहरू जी के इस वक्तव्य से स्पष्ट हो जाता है कि आधुनिक हिन्दी काव्य का रहस्यवाद तत्कालीन राजनीतिक एवं सामाजिक रहस्यवाद का एक अंग है।

कवि के चारों ओर उस समय जैसा कठोर वातावरण था, उसकी चेतना उसके लिए स्वभावतः दुखदायी थी। लेकिन वस्तुस्थिति को भूलना जाग्रत स्थिति में सम्भव नहीं था; इसलिए वे जागरण की जगह स्वप्न का आवाहन करते थे, लेकिन स्वप्न की स्थिति स्थायी नहीं हो सकती; वस्तु-स्थिति की चोट प्रायः स्वप्न-भंग कर देती है। इसलिए स्वप्न-भंग अथवा स्वप्न के बाद वाले जागरण को वह अभिशाप मानता है। इसी बात को महादेवी जी अपने ढंग से इस प्रकार कहती हैं—

वह सपना बन आता।
जागृति में जाता लौट।

इसीलिए कुछ रहस्यवादी कवि वस्तुस्थिति को भूलने के लिए मदहोशी की-सी हालत में रहना चाहते हैं। यदि महादेवी का प्रिय सपना बनकर आता है और जागृति में लौट आता है, तो प्रसाद का प्रिय फारसी के उमर ख़ैयाम, हाफ़िज़ रूमी वगैरह की तरह मादकता बनकर आता है और संज्ञा होकर चला जाता है—

मादकता से आए तुम।
संज्ञा से चले गए थे।

कुछ रहस्यवादी कवियों के यहाँ इसीलिए 'मद' इस मन:स्थिति का सैद्धान्तिक और व्यावहारिक प्रतीक हो गया।

विस्मृति, अज्ञान, मौग्ध्य, चिर-शिशुता, संवेदनहीनता और अचेतनता इसी मन:स्थिति के विभिन्न रूप तथा तर्कसंगत परिणतियाँ हैं। सामाजिक कटुता से बचने के लिए कुछ कवि सारा दोष बुद्धि और विवेक के सिर मढ़कर 'अज्ञान' को ही वरण कर लेना श्रेयस्कर समझते हैं; कुछ कवि इसी अज्ञता को तर्कसंगत परिणति पर ले जाकर चिर-शिशु रहने का अभिनय करते हैं और कुछ लोग आत्मविस्मृत, संवेदनहीन तथा अचेतन हो जाना ही अच्छा मानते हैं; शिशुता को छोड़कर शेष सभी दशाएँ प्रसाद में यत्र-तत्र मिल जाएँगी। बुद्धि अथवा इड़ा के विरोध के लिए उन्होंने पूरी 'कामायनी' की रचना की क्योंकि उसी का दूसरा नाम 'चिन्ता' भी है।

बुद्धि, मनीषा, मति, आशा, चिन्ता
तेरे हैं कितने नाम!
अरी पाप है तू, जा चल जा
यहाँ नहीं कुछ तेरा काम।

और इसी के बाद आधुनिक 'मनु' कहते हैं—

विस्मृति आ, अवसाद घेर ले
नीरवते बस चुप कर दे,
चेतनता चल जा जड़ता से
आज शून्य मेरा भर दे।

वस्तुतः बुद्धि-विरोधी कोरी सहृदयता अन्ततोगत्वा जड़ता, अचेतनता और संवेदनहीनता की ही ओर ले जाती है क्योंकि बुद्धि, चेतना और संवेदनशीलता तो बार-बार जगती की कटुता का अनुभव कराती रहती है। प्रसाद के ही शब्दों में—

मनु का मन था विकल हो उठा
संवेदन से खाकर चोट,
संवेदन! जीवन जगती को
जो कटुता से देता घोट।

लेकिन मानसिक अस्पष्टता को जहाँ इस तर्कसंगत परिणति तक नहीं खींचा जाता, वहाँ रहस्यानुभूति की बड़ी ही सूक्ष्म और मार्मिक व्यंजना होती है। 'कामायनी' के 'काम' सर्ग में इस गहन मन:स्थिति का बड़ा ही सजीव चित्रण हुआ है—

उन नृत्य शिथिल विश्वासों की कितनी है मोहमयी माया
जिनसे समीर छनता-छनता बनता है प्राणों की छाया।
आकाश-रंध्र हैं पूरित से यह सृष्टि गहन-सी होती है
आलोक सभी मूर्च्छित सोते यह आँख थकी-सो रोती है!
सौन्दर्यमयी चंचल कृतियाँ बनकर रहस्य हैं नाच रहीं;
मेरी आँखों को रोक वहीं आगे बढ़ने में जाँच रहीं।
श्रुतियों में चुपके-चुपके से कोई मधु-धारा घोल रहा
इस नीरवता के परदे में जैसे कोई कुछ बोल रहा।
है स्पर्श मलय के झिलमिल-सा, संज्ञा को और सुलाता है
पुलकित हो आँखें बन्द किए तन्द्रा को पास बुलाता है।
व्रीड़ा है यह चंचल कितनी विभ्रम से घूँघट खींच रही,
छिपने पर स्वयं मृदुल कर से क्यों मेरी आँखें मीच रही!
उठती है किरनों के ऊपर कोमल किसलय के छाजन-सी
स्वर का मधु निस्वन रंध्रों में जैसे कुछ दूर बजे बंसी।

मनोलोक के इस काव्यात्मक वातावरण को पढ़ते-पढ़ते कबीर आदि मध्ययुगीन सन्तों की वे पंक्तियाँ याद हो आती हैं, जिनमें ब्रह्म-रंध्र में नि:स्वन गूँजते हुए अनहद नाद और गरजते हुए गगन का चित्रण है। लेकिन जो सूक्ष्म सौन्दर्य प्रसाद की इन पंक्तियों में है, वह कबीर आदि के साधनात्मक प्रतीकोंवाले वर्णन में कहाँ!

अपनी इस अस्पष्टता के बावजूद रहस्य-भावना आगे बढ़कर उस रहस्यमय तत्त्व के स्वरूप की भी कल्पना करती है। नि:सन्देह विस्मय, औत्सुक्य और अभिलाषा में भी एक प्रकार का सुख है, परन्तु मनुष्य इतने ही से सन्तुष्ट नहीं होता। वह मन-ही-मन उस वस्तु का रूप भी निश्चित कर लेता है। आचार्य शुक्ल के शब्दों में, "अनिर्दिष्ट और धुँधली झलक या भावना में भी एक विशेष प्रकार का आकर्षण होता है जो स्निग्ध विस्मय, औत्सुक्य या अभिलाष उत्पन्न करता है।

घने कुहरे या जाली के बीच किसी के रूप-माधुर्य की हल्की-सी झलक मात्र पाकर हम केवल उत्सुक होंगे। इसी उत्सुकता की सतत प्रेरणा उसका रूप निर्दिष्ट करने के लिए हमारी कल्पना प्रवृत्त रहा करेगी।"

स्वाभाविक है कि कुतूहल उत्पन्न करनेवाले उस रहस्यात्मक तत्त्व का स्वरूप जिज्ञासु के मन का ही प्रक्षेपण हो। भाववादी व्यक्ति प्राय: बाह्य जगत् में भी अपने ही आन्तरिक जगत् की छाया देखता है; यहाँ तक कि भाववादी कभी-कभी बाह्य जगत् को अपने ही मनोजगत् की अभिव्यक्ति अथवा उसका प्रसार मानता है। आत्मप्रसार की यह मनोवृत्ति उस युग के प्राय: सभी विचारकों और कवियों में दिखाई पड़ती है। वह युग व्यक्तिवाद के उत्थान का था। व्यक्ति अपने व्यक्तित्व को ही सर्वोपरि समझता था। उपनिषदों के 'अहं ब्रह्मास्मि' का पुनरुद्धार करके इस सूत्र के द्वारा आधुनिक विचारकों ने अपने व्यक्तिवाद की ही अभिव्यक्ति की। उस समय स्वामी विवेकानन्द तथा रामतीर्थ ने वेदान्त की आधुनिक व्याख्या करते हुए पुराने शब्दों के आवरण में आधुनिक युग के व्यक्ति-महत्त्व का प्रतिपादन किया है। सम्पूर्ण संसार के साथ अपना तादात्म्य करके अपने अहं को उसका प्रतीक कहना शक्तिशाली व्यक्तित्व के उत्थान का ही सूचक है।

आत्मप्रसार की महत्त्वाकांक्षा को अंग्रेज कवि अबरक्राम्बे ने 'सेल अव सेंट टॉमस' कविता की इन पंक्तियों में बहुत अच्छी तरह व्यक्त किया—"मनुष्य उतना ही बड़ा हो सकता है, जितना बड़ा उसका अभिलाष होगा। अत: आत्मदृष्टि उतनी दूर तक बँधी न रखो, जितनी दूर तक ज्ञान और बुद्धि के दीपक का प्रकाश पहुँचता है। अपनी लालसा को अज्ञात के अन्धकार की ओर छानबीन करने के लिए बढ़ाओ। सम्भव को जानकर उसके बाहर अनहोनी बातों और असम्भव लक्ष्यों की ओर बढ़ो। धीरे-धीरे तुम देखोगे कि तुम्हारे ज्ञान की लालसा का क्षेत्र भी आप से आप वैसा ही व्यापक हो जाएगा जैसा आत्मा का।'

इस तरह आधुनिक रहस्यवादी कवि ने शेष प्रकृति में अपने स्फीति अहं को प्रतिष्ठित किया और इसी को उसने परम सत्ता अथवा परम चेतना के नाम से अभिहित किया। प्रसाद जी ने इसी को 'विश्व-सुन्दरी प्रकृति में चेतना का आरोप' कहा और महादेवी जी ने 'अनेकरूपता के कारण पर एक मधुरतम व्यक्तित्व के आरोपण' की अभिधा दी।

शेष प्रकृति के विभिन्न कार्यों और रूपों में निहित किसी एक कारण का पता लगाना मनुष्य के वैज्ञानिक विवेक का ही सूचक है। विज्ञान ने यदि एक ओर सम्पूर्ण प्राकृतिक शक्तियों के आन्तरिक सम्बन्धों की खोज करके किसी एक नियम की स्थापना करने का प्रयत्न किया तो दूसरी ओर कवियों ने भी

रागात्मक ढंग से एक प्रकृति-नियन्ता कारण ढूँढ़ लेना चाहा। जब प्रसाद जी से मन ने जिज्ञासा प्रकट की—

तृण वीरुध लहलहे हो रहे
किसके रस से सिंचे हुए!

तो उन्होंने उसी मूल कारण की ओर संकेत किया; परन्तु उसे ठीक-ठीक न जान सकने के कारण यह भी कहा—

हे अनन्त रमणीय! कौन तुम
यह मैं कैसे कह सकता
कैसे हो? क्या हो? इसको तो
भार विचार न सह सकता

फिर भी उस 'अनन्त रमणीय' की विराटता का अनुभव उन्हें अवश्य हुआ और उन्हीं के शब्दों में—

हे विराट्! हे विश्वदेव! तुम
कुछ हो ऐसा होता भान।

इस तथ्य को लक्ष्य करते हुए आचार्य शुक्ल अपने 'इतिहास' में लिखते हैं कि ये कवि 'भक्ति-क्षेत्र' में उपास्य की एकदेशीय धर्म विशेष में प्रतिष्ठित भावना के स्थान पर सार्वभौम भावना की ओर बढ़ रहे थे, जिसमें सुन्दर रहस्यात्मक संकेत भी रहते थे। कवि अपनी कल्पना के द्वारा जब 'प्रकृति के बीच किसी वस्तु के गूढ़ और अगूढ़ सम्बन्ध-प्रसार का चित्रण' करता है; अथवा 'जगत् के अनन्त रूपों और व्यापारों के बीच फैले हुए मोटे और महीन सम्बन्ध-सूत्रों की झलक-सी दिखाकर नरसत्ता के सूनेपन का भाव दूर करने और अखिल सत्ता के एकत्व की आनन्दमयी भावना' लगाकर हमारे हृदय का बन्धन खोलने की कोशिश करता है तो वस्तुतः वह उस सार्वभौम भावना को ही व्यक्त करता है।

यह सार्वभौम भावना आधुनिक विश्ववाद की ही आध्यात्मिक छाया है। आधुनिक युग में वैज्ञानिक आविष्कारों ने पहली बार मनुष्य के ज्ञात जगत् की सीमाओं का विस्तार किया और फिर संसार भर के मनुष्यों को एक दूसरे के सम्पर्क में ला दिया। इससे पहले भी संसार, विश्व, अखिल महिमंडल आदि संज्ञाओं का प्रयोग होता था, लेकिन इन संज्ञाओं की सीमाएँ प्रायः अपने देश, द्वीप, महाद्वीप अथवा कुछ एक पड़ोसी देशों तक ही थीं। रेल, जहाज, वायुयान आदि ने विभिन्न

देशों, भू-खंडों, समुद्रों आदि का पता लगाकर संसार की विराटता का बोध कराया, फिर डाक, तार, बेतार के तार, प्रेस आदि ने एक देश के भीतर तथा देश-देश के बीच बिखरे हुए लोगों में सम्पर्क स्थापित करके उनमें एकता और निकटता की भावना जगाई। इस तरह आधुनिक युग में राष्ट्रीयता और अन्तरराष्ट्रीयता का अभ्युदय हुआ और लोग हर बात को राष्ट्रीय तथा अन्तरराष्ट्रीय परिदृश्य में रखकर सोचने के अभ्यस्त हो चले। भावनाओं को विश्ववाद का अनन्त आकाश मिला।

ऐसी स्थिति में आधुनिक कवि के लिए स्वाभाविक था कि वह जगत् और प्रकृति के खंडों में एक सार्वभौम तत्त्व का अनुभव करे।

लेकिन अच्छी तरह सोचने पर पता चलेगा कि इस सार्वभौम भावना का भी सम्बन्ध उसी व्यक्तिवाद से था। वस्तुतः यह सार्वभौम भावना भाववाद पर ही प्रतिष्ठित थी; इसीलिए उसे तत्कालीन व्यक्तिवाद का ही प्रक्षेपण समझना चाहिए। बहिर्जगत् का 'एक' अन्तर्जगत् के 'एक' की ही विराट् छाया है। रवीन्द्रनाथ जब यह कहते हैं कि अखंड 'एक' की मूर्ति किसी आकार में भी क्यों न रहे, 'असीम' को ही प्रकाशित करती है; तो वे प्रकारान्तर से व्यक्ति मानव को ही गौरव देते हैं। कहना वे यही चाहते हैं कि व्यक्ति मानव उस अखंड 'एक' का ही एक रूप है, इसलिए वह स्वयं भी अखंड 'एक' और 'असीम' है। महादेवी जी जब गाती हैं कि—

बीन-बन्दी तार की झंकार है आकाशचारी
धूलि के इस मलिन दीपक से बँधा है तिमिरहारी

तो वे व्यक्तिगत आकार में निहित समष्टिगत 'एक' को प्रकाशित करती हैं और रवीन्द्रनाथ इसी को कविता का उद्‌देश्य मानते थे। 'मानवधर्म', 'कला क्या है', 'साहित्य का तात्पर्य' आदि निबन्धों में उन्होंने अंग्रेजी के 'कैपिटल एम' वाले जिस 'मैन' को साहित्य का विषय माना है, वह सामान्य व्यक्ति मानव का ही भावना-स्फीत तथा कल्पनारंजित विशाल रूप है; इसीलिए वे व्यक्तिगत 'एक' के भीतर से समष्टिगत 'एक' की अभिव्यक्ति को ही साहित्य का लक्ष्य मानते थे।

रहस्यवादी कवियों में जो उस परम प्रिय से मिलने की बात बार-बार कही जाती है, वह इसी सार्वभौम भावना का काव्यात्मक रूप है। आचार्य शुक्ल जब कविता का कार्य 'शेष सृष्टि के साथ हमारे रागात्मक सम्बन्ध की रक्षा और निर्वाह' बतलाते हैं, तो अपने ढंग से उस युग में व्याप्त उस सार्वभौम भावना को ही प्रतिध्वनित करते हैं।

इस तरह सामाजिक पृष्ठभूमि पर रखकर देखने से रहस्यवादी काव्य की सम्पूर्ण परोक्षानुभूति प्रत्यक्षानुभूति ही सिद्ध होगी। आचार्य शुक्ल ने इस रहस्य का उद्‌घाटन काफी पहले कर दिया था : "वास्तव में इसी जगत् के सुख-सौन्दर्य की आसक्ति

या प्रेम है जो संचारी के रूप में आशा या अभिलाषा का उन्मेष करके, इस सुख-सौन्दर्य को किसी अज्ञात या आध्यात्मिक क्षेत्र (लोकोत्तर, अगोचर, अतीत, भविष्य आदि) में ले जाकर पूर्ण करने की ओर प्रवृत्त करता है...'अज्ञात की लालसा' का अर्थ वस्तुत: 'ज्ञात की लालसा है'।"

लेकिन रहस्यवादी कवि इस प्रत्यक्ष जगत् के द्वारा जो सदैव परोक्ष की ओर संकेत करता रहता है, उसका अर्थ यह है कि वह जगत् को उस परोक्ष सत्ता का उपलक्षण अथवा प्रतीक-मात्र मानता है। रहस्यवादी कवि के लिए प्रकृति और मानव जगत् की सार्थकता अपने आप में नहीं, बल्कि उस सत्य में है जिसकी ओर वे संकेत करते हैं। फलत: रहस्यवादी कवि अनिवार्यत: प्रतीकवादी होता है। उसके लिए संसार की सभी वस्तुएँ प्रतीक हैं। इस धारणा को वह तर्कसंगत परिणति तक ले जाकर इस प्रकार कहता है कि उस परम तत्त्व को प्रतीकों के ही माध्यम से व्यक्त किया जा सकता है। चूँकि वह संकेत मात्र है, पूर्णत: स्पष्ट नहीं है, उसकी झलक भर दिखाई पड़ती है; इसलिए उसकी ठीक-ठीक अभिधा नहीं हो सकी। जिसकी हमें झलक भर मिलती है, उसे हम केवल झलक के रूप में ही जान और कह सकते हैं। जिसका हमें संकेत मात्र मिलता है, उसकी ओर हम संकेतमात्र कर सकते हैं। प्रतीक ऐसे ही शब्द हैं जो अपने अभिधार्थ के अतिरिक्त अर्थ व्यंजित करते हैं। जो सर्वथा अनिर्वचनीय है, उसे केवल व्यंजित किया ज सकता है। इसीलिए रहस्यवाद व्यंजनाप्रधान अथवा प्रतीकवादी काव्य होता है। जब रहस्य-प्रतीक अधिक सांकेतिक हो जाते हैं, तो रचना प्राय: अबूझ हो जाती है।

रहस्यवादी कविता के प्रतीक प्राय: 'आवरण', 'अस्पष्टता', 'स्वप्न मिलन', 'आत्म-विस्मृति', 'अज्ञात आकर्षण', 'उन्मत्तखोज' आदि के द्योतक होते हैं। आधुनिक रहस्यवादियों ने प्राचीन प्रतीकों के अतिरिक्त अज्ञात आकर्षण वाले प्रतीक विशेष रूप से दिए। समुद्र की ओर अनजाने आकर्षण से दौड़ती हुई नदी का वर्णन बहुतों ने किया है। यदि पंत जी नदी से पूछते हैं कि—

माँ उसको किसने बतलाया उस अनन्त का पथ अज्ञात?

तो प्रसाद जी भी गंगा को देखकर सोचते हैं कि वह जो समुद्र से मिलना चाहती है, वह वस्तुत:—

विश्राम माँगती अपना
जिसका देखा था सपना।

[4]

हिन्दी साहित्य में रहस्यवादी कविता का ऐतिहासिक महत्त्व है। इसमें मनुष्य में आत्मप्रसार तथा आत्मविश्वास की भावना जगाई; प्राचीनता की कारा में घिरे हुए मन को उन्मुक्त असीम वातावरण दिया, विश्व-मानवता की सार्वभौम भावना उत्पन्न की, स्थूल तथ्यों को भेदकर जीवन-सत्य को देखने की अन्तर्दृष्टि दी और गहन अनुभूति के क्षणों का सूक्ष्म मनोवैज्ञानिक चित्रण किया। जिस समय द्विवेदी-युग की कविता स्थूल तथ्यों के संग्रह और कोरे वस्तु-वर्णन में व्यक्त थी, रहस्यवाद के आविर्भाव के काव्य में जीवन के मौलिक सत्यों और रहस्यों के प्रति जिज्ञासा का भाव प्रतिष्ठित किया। जीवन की क्षुद्रताओं से मनुष्य को ऊपर उठाकर उसे उच्च भाव-भूमि पर प्रतिष्ठित करने का श्रेय रहस्यवाद को ही है। द्विवेदी-युग के सुधारवाद की अपेक्षा यह आध्यात्मिकता कितनी ऊँची और रागपूर्ण थी, इसका निर्णय दोनों युगों की किन्हीं दो कविताओं की तुलना से सहज ही हो सकता है।

लेकिन रहस्यवादी कविता की अपनी सीमाएँ भी हैं। रहस्यवादी दृष्टिकोण से जीवन और जगत् की समस्याओं को हल करना तो दूर, उन्हें ठीक से समझना भी असम्भव है। रहस्यवाद ने सामाजिक समस्याओं को रहस्य बना दिया और फिर उन्हें रहस्य मानकर उनको रहस्यमयता में ही आनन्द लेने का पाठ पढ़ाया। रहस्यवादियों का विश्वास था कि परम सत्य अज्ञात और अज्ञेय है और उसे ऐसा ही रहने देना चाहिए क्योंकि उसकी अज्ञेयता में ही आनन्द है; उसे जान लेने पर तो सारा आनन्द नष्ट हो जाएगा। इस तर्क प्रणाली के फलस्वरूप अबुद्धिवाद, श्रद्धावाद, आत्मविस्मृति, अचेतना आदि प्रवृत्तियों का प्रचार हुआ और फिर रहस्यलोक में पलायन करने के सिवा और कोई रास्ता नहीं रहा।

रहस्यवाद के प्रायः सभी रूप अकेली 'कामायनी' में अच्छी तरह मिल जाएँगे। नवीन औद्योगिक व्यवस्था तथा विज्ञान से घबड़ाए हुए मनु को भगाकर श्रद्धा जगत्-प्रपंच से दूर कैलाश शिखर पर ले जाती है। कोरी भावुकता मनुष्य को इसी तरह पलायन और एकान्तवास की ओर घसीटती है, वह परिस्थितियों को समझने और समझकर संघर्ष करने की प्रेरणा नहीं दे सकती। यह नहीं, समस्याओं का हल वह शुद्ध भावलोक में ही करके सन्तुष्ट हो लेती है; जैसे श्रद्धा ने आकाश में बिखरे हुए ज्ञान, इच्छा और क्रिया के त्रिपुर को अपनी स्मिति-मात्र से मिला दिया। बात यह है कि यथार्थ जगत् में तो समस्याओं का समाधान कठिन है, किन्तु भाव-जगत् में यह सब काम एक क्षण में हो जाता है और इसके बाद तो बस आनन्द विह्वल

शिव तांडव-नृत्य का दर्शन ही शेष है। मन-ही-मन समस्याओं को सुलझाकर आनन्द से नाच उठना कितना सरल है!

रहस्यवाद के इस हानिकारक रूप को देखते हुए ही आचार्य रामचन्द्र शुक्ल ने उस समय उसका घोर विरोध किया था। रहस्यवाद को नितान्त भारतीय एवं काव्य की निजी प्रवृत्ति प्रमाणित करने के बाद भी रहस्यवाद के समर्थक इस तथ्य का खंडन करने में असमर्थ हैं कि जीवन और दोनों के समुचित विकास के लिए रहस्यवादी दृष्टि बाधक है। रहस्यवाद के बारे में शुक्ल जी की यह आपत्ति आज भी अपनी जगह पर एकदम सही है कि रहस्यवाद के काव्य की विषय-वस्तु संकुचित हुई और यदि रहस्यवाद का प्रभाव व्यापक होता तो सारा छायावादी काव्य 'असीम और अज्ञात प्रियतम के प्रति अत्यन्त चित्रमयी भाषा में अनेक प्रकार के प्रेमोद्गारों तक ही बँधकर रह जाता। रहस्यवादी कविता का प्रचलित भाव-व्यापार—हत्तंत्री की झंकार, नीरव सन्देश, अभिसार, अनन्त प्रतीक्षा, प्रियतम का दबे पाँव आना'—उस समय शुक्ल जी को कृत्रिम लगा तो आज भी शायद ही किसी को स्वाभाविक लगे। यह तथ्य है कि छायावादी काव्य की रहस्यवादी रूढ़ियाँ उस युग के साथ ही बिला गईं और उन रहस्यवादी रूढ़ियों में आज किसी भी काव्य-सहृदय को रस नहीं मिलता। शुक्ल जी जिसे स्वाभाविक या प्राकृतिक रहस्य-भावना कहते थे, उसे व्यंजित करने वाली छायावादी कविताएँ ही आज भी अपेक्षाकृत कुछ अच्छी लगती हैं—शायद अपनी काव्यात्मक जिज्ञासा, कौतूहल एवं विस्मय के कारण।

[5]

रहस्यवाद पर विचार करते हुए विद्वानों ने प्राय: वेद-उपनिषद् से लेकर आधुनिक युग के रहस्यवादी कवियों का हवाला दिया है और सभी युगों की रहस्य-भावना को एक-सी मानकर विवेचन किया है। यदि महादेवी वर्मा ने 'रहस्यवाद' पर लिखते हुए आधुनिक रहस्यवाद की कड़ी वेद-उपनिषद्, कबीर, जायसी, मीरा आदि से जोड़ी है तो पं. हजारीप्रसाद द्विवेदी ने भी कबीर की रहस्य-भावना को समझाने के लिए रवीन्द्रनाथ के विचारों और कविताओं को निर्विशेष भाव से उद्धृत किया है। इस तरह उन्होंने कबीर और रवीन्द्रनाथ की रहस्य-भावना को बहुत कुछ एक कर दिया है। उधर, महादेवी जी भी आधुनिक रहस्यवाद को सम्पूर्ण रहस्य-परम्परा का सम्मिश्रण मानते हुए कहती हैं कि "उसने परा विद्या की अपार्थिवता ली, वेदान्त के अद्वैत की छाया मात्र ग्रहण की, लौकिक वेग से तीव्रता उधार ली और इन सबको कबीर के सांकेतिक दाम्पत्य-भाव-सूत्र से बाँधकर निराले स्नेह-सम्बन्ध की सृष्टि

कर डाली, जो मनुष्य के हृदय को पूर्ण अवलम्ब दे सका, उसे पार्थिव प्रेम के ऊपर उठा सका तथा मस्तिष्क को हृदयमय और हृदय को मस्तिष्कमय बना सका।" उसके अनुसार, आधुनिक रहस्यवाद इसी बात में पूर्ववर्ती रहस्य-काव्यों से भिन्न है कि इसमें उन सबकी विशेषताओं के सम्मिश्रण से एक नवीन भावना तैयार हो गई।

विचारों को समाज से परे रखकर जब उनका इतिहास लिखा जाता है तो इसी तरह की स्थापनाएँ की जाती हैं, जिसमें युग-युगान्तर में बिना किसी भेद और अन्तर के एक ही बात आद्योपान्त व्याप्त दिखाई पड़ती है। इसीलिए रहस्य-भावना की परम्परा को भी समाज से अलग करके देखने से यही प्रतीत होता है कि वेद-उपनिषद् से लेकर आज तक सर्वत्र एक ही प्रकार की जिज्ञासा, उत्सुकता, असीम की कल्पना, असीम-ससीम का मिलन, परमसत्ता की रहस्यमयता और अस्पष्टता आदि बातें मिलती हैं, लेकिन इन भावनाओं को सामाजिक परिदृश्य में रखकर देखते ही विभिन्न युगों की रहस्य-भावनाओं की विशेषताएँ स्पष्ट होने लगती हैं।

सबसे पहले प्राकृतिक रहस्य-भावना को ही लें। प्राकृतिक शक्तियों में किसी एक परम शक्ति से अनुशासित तथा आकर्षित होने का भाव वेद और आधुनिक रहस्यवादी कवियों में समान रूप से मिलता है, लेकिन मध्ययुगीन सन्त कबीर में नहीं मिलता। जायसी ने उस परमसत्ता के विरह में अखिल प्रकृति को जलते हुए तो दिखलाया, किन्तु उसमें सहज आकांक्षा और उत्सुकता अनुभव नहीं की है। इसका कारण स्पष्ट है : मध्ययुगीन मानव के लिए प्रकृति के रहस्यों में कोई विशेष दिलचस्पी नहीं थी, लेकिन वैदिक और आधुनिक मानव के लिए प्रकृति का जैसे नया-नया परिचय प्राप्त हुआ था। वैदिक मानव ने तो प्रकृति के रहस्योद्घाटन और संघर्ष से ही अपना जीवन प्रारम्भ किया और वैदिक युग के बाद इतने बड़े पैमाने पर प्रकृति के साथ संघर्ष आधुनिक वैज्ञानिक युग में ही आरम्भ हुआ। इन दोनों युगों में मनुष्य ने प्रकृति के साथ संघर्ष इसीलिए किया कि उसके वन्य रूप पर विजय प्राप्त करके फिर से उसके साथ पहले से अधिक अच्छा रागात्मक सम्बन्ध स्थापित किया जा सके। यह तो हुई दोनों युगों की सामान्य बातें, लेकिन वैदिक युग और आधुनिक युग की प्रकृति और मानव के सम्बन्ध एक-से नहीं हैं। प्रकृति के वैदिक मानव में जो सहज कुतूहल और किंचित भय-मिश्रित औत्सुक्य था वह आधुनिक मानव में नहीं है। आधुनिक मानव के कुतूहल और औत्सुक्य में अपेक्षाकृत अधिक गूढ़ता और सूक्ष्मता है, क्योंकि आधुनिक मानव के लिए प्रकृति अधिक ज्ञात हो गई।

यदि अथर्व का गायक नदी को देखकर पूछ बैठता है कि—

यत्र प्रेप्सन्तीरभियन्त्यापः स्कम्भं तं ब्रूहि कतमः स्विदेव सः।

अर्थात्, ये सरिताएँ जहाँ पहुँचने की अभिलाषा से चली जा रही हैं, उस परम आश्रय को बताओ, वह कौन है?

तो आधुनिक युग के प्रसाद जी इसी को थोड़ा और गूढ़ बनाकर कहते हैं कि इस नदी ने जिस सागर को सपने में देखा था, उसी में विश्राम माँगती है।

विश्राम माँगती अपना
जिसका देखा था सपना।

इतना ही नहीं, आधुनिक कवि ने प्रकृति में जो अपने लिए होने वाले विविध गूढ़ संकेतों की कल्पना कर ली, वह आदिम युग के सरल गायकों के लिए सम्भव नहीं था—वे सम्भवत: न तो उतने व्यक्तिवादी हो पाए थे और न इतने कल्पनाजीवी ही।

पंत जी को नक्षत्रों से जो मौन निमंत्रण देता है, तड़ित् से जो इंगित करता है, सौरभ से जो सन्देश भेजता है, लहरों के कर उठाकर जो बुलाता है, खद्योतों से जो पथ दिखलाता है, ओस ढुलकाकर जो दृग सींचता है और स्वप्न में जो छाया-जग में फिरता है, वह 'कोई' वैदिक 'कोई' से कहीं अधिक रहस्यमय है और अधिक सूक्ष्म ढंग से संकेत करने वाला है। उसका निमंत्रण ही नहीं, इंगित, सन्देश, आह्वान आदि सब कुछ 'मौन' है। व्यवहार की यह बारीकी अत्यन्त विकसित सभ्यता में ही सम्भव है। ध्यान खींचने के लिए ओस में ढुलक जाने की कल्पना तो वैदिक युग का मानव नहीं कर सकता था, लेकिन आधुनिक कवि के यहाँ—

न जाने ढुलक ओस में कौन
खींच लेता मेरे दृग मौन!

आधुनिक युग की इस कोमलता के लिए वैदिक युग के प्राकृतिक प्रतीक कहीं अधिक विराट् और प्रचंड हैं, क्योंकि उससे मय प्रकति भी अपने आदिम, दुर्धर्ष और प्रचंड रूप में थी। इसी तरह सार्वभौम भावना के बारे में भी इन युगों का अन्तर देखा जा सकता है। आधुनिक कवियों ने उपनिषद् के 'अहं ब्रह्मस्मि' और 'सर्वं खल्विदं ब्रह्म' सूत्र को इतना दोहराया कि आलोचकों ने प्राय: आधुनिक सार्वभौम भावना को उपनिषद् युग का ही पुनरुत्थान समझ लिया, लेकिन थोड़ा-सा अध्ययन करने से स्पष्ट हो जाएगा कि स्वामी विवेकानन्द और रवीन्द्रनाथ के 'विश्व-मानव' की विराट् कल्पना के सामने उपनिषद् का 'ब्रह्म' और 'भूमा' अधिक सूक्ष्म, अधिक वायवी और अधिक स्थिर है। उपनिषद् का विराट् तत्त्व प्राय: आनन्दमय है, जबकि विवेकानन्द और रवीन्द्रनाथ का विराट् तत्त्व शक्तिपुंज और ओजपूर्ण है।

इतना ही नहीं, रवीन्द्रनाथ ने तो परम तत्त्व को उपनिषदों से आगे बढ़कर गतिमय बखान किया है। एक स्थल पर उन्होंने ईश्वर को 'चिर चंचल' और मानव को 'चचलेर सहचर' कहा है। परम तत्त्व की गत्यात्मकता की बात वही कवि कह सकता है, जिसका युग वैज्ञानिक विकास के कारण अति गतिमय तथा शीघ्र-शीघ्र होने वाले परिवर्तनों से भरा हो। अपेक्षाकृत स्थिर और कम परिवर्तनशील कृषि-युग के उपनिषद् 'यत्किंच जगत्यां जगत्' कहते हुए भी इस प्रकार न तो जगत् की गत्यात्मकता की बात कर सकते थे और न ब्रह्म की ही।

यही बात परम तत्त्व की विराटता के बारे में भी लागू होती है। आधुनिक युग की-सी विराट् कल्पना न तो उपनिषद् के सांकेतिक सूत्रों में मिलती है और न कबीर के 'पिंड' में से व्यक्त होने वाले 'ब्रह्मांड' और शून्य में और न जायसी के उस 'पारस रूप' में ही, जो पद्मावती के रूप के माध्यम से रह-रहकर अपने विश्वव्यापी अलौकिक रूप की झलक दिखा जाया करता है। इसका मुख्य कारण यही है कि आधुनिक युग में विश्व की व्यापकता तथा विभिन्न देशों में रहने वाली मानव जाति की भावात्मक एकता का अनुभव जिस प्रकार किया गया, पहले कभी नहीं किया गया। सूर्य-चन्द्र को उस परम पुरुष की आँखें तो पहले भी कहा गया, किन्तु ऐसे पुरुष की 'वसुधा चरणचिह्न-सी बनकर यहीं पड़ी रह जाएगी' जैसी विराट् कल्पना आधुनिक कवि प्रसाद ही कर सकते थे।

इसी प्रकार प्राप्तव्य परम तत्त्व की रहस्यमयता और अस्पष्टता के विषय आधुनिक कवि पूर्ववर्ती कवियों से आगे बढ़ा हुआ है। वैदिक गायक के लिए परम शक्ति के ऊपर कोई आवरण नहीं, लेकिन उपनिषद् में सत्य का मुख हिरण्यमय पात्र से ढका हुआ कहा गया है। फिर भी उपनिषद् का जिज्ञासु उस पिहान को हटाकर सत्य को देखने के लिए प्रयत्नशील है—

हिरण्मयेन पात्रेण सत्यस्यापिहित मुखम्।
तत् त्वं पूषन्नपावृणु सत्यधर्माय दृष्टये॥

कबीर तक आते-आते वह शून्य हो गया; उसकी सूक्ष्मता इतनी बढ़ गई कि वह अनुभवगम्य रह गया और साथ ही अनिर्वचनीय भी। जायसी के यहाँ भी उसका प्रतिबिम्ब ही देखा जा सकता है, स्वयं उसे नहीं; और उस प्रतिबिम्ब को भी पकड़ा नहीं जा सकता—

सरग आइ धरती महँ छावा।
रहा धरित पै धरत न आवा॥

लेकिन आधुनिक कवि का प्रिय उस धूमिल मन के समान है जो रजत रश्मियों की छाया में आता है। एक तो वह स्वयं धूमिल घन है। दूसरे, रश्मियों की छाया में छिपकर आता है। ऐसा लगता है कि अपने युग की वास्तविकता को उपनिषद् के कवि ने जितने स्पष्ट रूप से समझा था, उससे कम स्पष्ट रूप में कबीर, जायसी आदि सन्तों ने समझा और आधुनिक युग के कवियों ने उनसे भी कम स्पष्ट रूप में समझा। इसका एक कारण तो यह है कि वास्तविकता क्रमशः अधिक जटिल और गहन होती गई और दूसरा शायद यह भी है कि इन सभी भाववादी कवियों का दृष्टिकोण भी क्रमशः वस्तुनिष्ठता से अत्यन्त व्यक्तिनिष्ठता की ओर अग्रसर होता चला गया।

इसी प्रकार अपनी सीमा के बन्धन से छुटकारा पाने की जितनी अधिक तड़प आधुनिक रहस्यवाद में दिखाई पड़ती है, उससे कुछ कम कबीर आदि मध्ययुगीन सन्तों में मिलती है और वेदोपनिषद् में बहुत ही कम दिखाई पड़ती है। इसका कारण शायद यह है कि जात-पाँत आदि की सामाजिक रूढ़ि जब जितनी अधिक कड़ी रही, उस युग में सीमा से मुक्त होने की आकांक्षा भी उसी मात्रा में व्यक्त हुई। ऋक् का गायक अपने बन्धन का आभास देता हुआ बस इतना ही कहता है—

पृच्छे तदेनो वरुण दिदृक्षूपो एमि चिकितुषो विपृच्छम्।

अर्थात् हे वरणीय, मैं दर्शनाकांक्षी होकर तुझसे अपना वह दोष पूछता हूँ, जिसके कारण ही मैं यहाँ बँधा हुआ हूँ। मैं दर्शन का अभिलाषी जिज्ञासु तेरे समीप आया हूँ।

लेकिन कबीर जिस आकुलता के साथ 'हद्द' और 'बेहद्द', दोनों से परे किसी आनन्द-लोक में जाना चाहते हैं, वह अभूतपूर्व है। कबीर जिस कल्पना-लोक में निवास करते हैं, उसका वर्णन उन्हीं के शब्दों में—

हम वासी उस देश के, जहाँ बारह मास बसन्त।
नीझर झरै महा अमी, भीजत हैं सब सन्त॥
हम वासी उस देश के, जहँ जाति बरन कुल नाहिं।
शब्द मिलावा होइ रहा, देह मिलावा नाहिं॥

और आधुनिक कवि तो और भी अधिक विद्रोही हो उठा और अपनी चंचलता के मारे चिल्ला उठता है 'आमि सुदूरेर पियासी!' वह न जाने क्या चाहता है, उसकी प्यास किस दूर देश की है! सीमा के प्रति इतना विद्रोह और असीम के लिए इतनी झड़प—आधुनिक असन्तुष्ट हृदय के लिए ही सम्भव है! कबीर के यहाँ स्पष्ट

विरह वेदना है, लेकिन यहाँ गूढ़ गहन असन्तोष है, जिसमें आँसू कम ढुलकते हैं, अस्पष्ट अन्तर्दाह अधिक होता है।

इसी प्रकार प्रतीकों के प्रयोग में भी आधुनिक रहस्यवाद बहुत अधिक समृद्ध है। आधुनिक युग कल्पना-वैभव का है। स्वच्छंद कल्पना के द्वारा आधुनिक रहस्यवादी कवियों ने जितने प्रकार के अप्रस्तुत विधान की सृष्टि की, वह उपनिषदों और सन्तों के यहाँ दुर्लभ है।

इस तरह विचार करने से रहस्य-भावना की परम्परा के विभिन्न युगों की और भी निजी विशेषताओं का पता चल सकता है और उनकी तुलना में आधुनिक रहस्यवाद के अन्य पक्षों पर प्रकाश पड़ सकता है।

सामाजिक आधार की दृष्टि से भी हिन्दी का आधुनिक रहस्यवादी काव्य मध्ययुगीन सन्तों के रहस्यात्मक काव्य एवं आधुनिक योरोपीय प्रतीक-रहस्यवाद से भिन्न है। मध्ययुगीन सन्तों का रहस्यवाद प्रायः जाति-प्रथा, ऊँच-नीच के विचार, पुरोहितों से अत्याचार एवं सामन्ती शोषण के विरुद्ध विद्रोह से जुड़ा हुआ है। मध्ययुगीन रहस्यवाद उस युग के किसानों, कारीगरों एवं अछूतों की जीवनदृष्टि का सूचक है। दूसरी ओर, आधुनिक योरोप का रहस्यवाद पूँजीवादी संध्या के हताश मध्यवर्ग की यथार्थभीरु प्रतिक्रियावादी विचारधारा से पोषित है। इन सबके विपरीत भारत के दूसरे दशक का रहस्यवाद अपनी स्वाधीनता के लिए लड़ने वाले मध्यवर्गीय बुद्धिजीवियों की जीवन-दृष्टि का अंग है, जिसके सामने बहुत दिनों तक अपने लक्ष्य का बोध स्पष्ट नहीं था, किन्तु पराधीनता से मुक्त होने की आकांक्षा प्रबल थी। चूँकि पुरानी रूढ़ियों से मुक्त होने की इच्छा इस युग में भी मौजूद थी, इसलिए कहीं-कहीं आधुनिक रहस्यवाद में भी मध्ययुगीन रहस्य-भावना की झलक मिल जाती है; और यहाँ का शिक्षित वर्ग यदा-कदा योरोप की आकर्षक पतनोन्मुख विचारधाराओं के मोहपाश में आ जाता था, इसलिए यत्र-तत्र उसमें पश्चिमी प्रतीक-रहस्यवाद के भी कीटाणु मिल सकते हैं, किन्तु कुल मिलाकर हिन्दी का आधुनिक रहस्यवाद अपने सामाजिक आधार एवं साहित्यिक अभिव्यक्ति में उक्त दोनों रहस्यवादों से भिन्न एवं विशिष्ट है।

प्रगतिवाद

[1]

छायावाद के गर्भ से सन् 1930 के आसपास नवीन सामाजिक चेतना से युक्त जिस साहित्य-धारा का जन्म हुआ, उसे सन् '36 में प्रगतिशील साहित्य अथवा प्रगतिवाद की संज्ञा दी गई और तब से इस नाम के औचित्य-अनौचित्य को लेकर काफी वाद-विवाद होने के बावजूद छायावाद के बाद की प्रधान साहित्य-धारा को 'प्रगतिवाद' नाम से ही पुकारा जाता है।

कुछ लोग प्रगतिवाद और प्रगतिशील साहित्य में भेद करते हैं। उनके अनुसार मार्क्सीय सौन्दर्य-शास्त्र का नाम प्रगतिवाद है और आदि काल से लेकर अब तक की समस्त साहित्य-परम्परा प्रगतिशील साहित्य है। इस तरह वे केवल छायावाद के बाद की साहित्यिक प्रवृत्ति के लिए 'प्रगतिशील साहित्य' नाम का प्रयोग अनुचित मानते हैं।

दूसरी ओर ऐसे भी हैं जो मार्क्सवादी साहित्य-सिद्धान्त तथा इस सिद्धान्त के अनुसार रचे हुए साहित्य को प्रगतिवाद कहना चाहते हैं और छायावाद के बाद की व्यापक सामाजिक चेतना वाले समस्त साहित्य को 'प्रगतिशील साहित्य' कहते हैं, जिसमें विभिन्न राजनीतिक मतों के बावजूद एक सामान्य मानवतावादी भावना व्याप्त है। इस तरह ये प्रगतिवाद को संकीर्ण और साम्प्रदायिक बतलाते हैं तथा 'प्रगतिशील साहित्य' को व्यापक और उदार। उनके अनुसार 'प्रगतिशील लेखक संघ' द्वारा निर्धारित और प्रचारित साहित्य प्रगतिवाद है और बाकी प्रगतिशील साहित्य।

लेकिन जिस तरह छायावाद और छायावादी कविता भिन्न नहीं है, उसी तरह प्रगतिवाद और प्रगतिशील साहित्य भी भिन्न नहीं है। 'वाद' की अपेक्षा 'शील' को अधिक अच्छा और उदार समझकर इन दोनों में भेद करना कोरा बुद्धि-विलास है और कुछ लोगों की इस मान्यता के पीछे प्रगतिशील साहित्य का प्रच्छन्न विरोध-भाव छिपा है।

जिस तरह छायावादी कवियों में एक को अधिक छायावादी तथा दूसरे को कम छायावादी अथवा एक को शुद्ध छायावादी तथा औरों को मिश्रित कहने का जोर-शोर रहा, उसी तरह प्रगतिवाद में भी किसी को शुद्ध प्रगतिवादी अथवा अधिक प्रगतिवादी और दूसरों को कम प्रगतिशील कहने की हवा है। लेकिन इस वाद-विवाद के कारण यदि छायावाद में भेद नहीं किया तो प्रगतिवाद में भी भेद करने की जरूरत नहीं है।

'प्रगतिशील साहित्य', अंग्रेजी के 'प्रोग्रेसिव लिटरेचर' का हिन्दी अनुवाद है। अंग्रेजी साहित्य में इस शब्द का प्रचार 1935 ई. के आसपास विशेष रूप से हुआ जब ई. एम. फार्टर के सभापतित्व में पेरिस में 'प्रोग्रेसिव राइटर्स एसोसिएशन' नामक अन्तर्राष्ट्रीय संस्था का प्रथम अधिवेशन हुआ। हिन्दुस्तान में उसके दूसरे साल डॉ. मुल्क राज आनन्द और सज्जाद जहीर के उद्योग में जब उस संस्था की शाखा खुली और प्रेमचन्द की अध्यक्षता में लखनऊ में उसका प्रथम अधिवेशन हुआ तो यहाँ 'प्रोग्रेसिव लिटरेचर' अथवा 'प्रगतिशील साहित्य' का प्रचार हो गया। कालक्रम अथवा प्रकारान्तर से यही प्रगतिवाद हो गया।

'प्रगतिशील साहित्य' संज्ञा का प्रचार यूरोप में उस समय हुआ जब समाज और साहित्य की गति में एक प्रकार की स्थिरता अथवा कुछ-कुछ ह्रास का अनुभव किया जा रहा था। इस दमघोंटू स्थिति-शीलता से उबरने के लिए वहाँ के लेखकों ने प्रगति का नारा दिया।

अपने यहाँ हिन्दुस्तान में सन् '36 के आसपास एकदम यूरोप का-सा गतिरोध तो नहीं था, लेकिन कविता में छायावाद का विकास लगभग रुक-सा गया था और कवि कुछ नए विचारों और व्यंजना के माध्यमों की खोज में थे। ऐसे ही समय यूरोप से लौटे हुए हिन्दुस्तानी लेखकों ने 'प्रगति' की आवाज लगाई और यह आवाज छायावादी कवियों को अपने अन्तर की प्रतिध्वनि प्रतीत हुई। फलतः सुमित्रानन्दन पंत ने छायावाद का 'युगान्त' घोषित करके प्रगतिवाद को 'युगवाणी' के रूप में तुरन्त अपना लिया। देर-सबेर निराला और महादेवी ने भी अपनी-अपनी सीमाओं में इसे स्वीकार किया, लेकिन पंत जी की तरह निराला ने इस विषय में जल्दबाजी इसलिए नहीं दिखलाई कि वे बहुत पहले से ही कविता को 'बहुजीवन की छवि' मानकर सामाजिक यथार्थ की अभिव्यक्ति करते आ रहे थे और इसलिए भी कि पंत जी की अपेक्षा उनमें वैयक्तिकता तथा अहंवाद अधिक था। इसी तरह महादेवी के मानसिक परिवर्तन में देर इसलिए हुई कि उनमें तब तक छायावादी भावुकता और कल्पना से विरक्ति पैदा नहीं हुई थी, क्योंकि छायावाद में देर से आने के कारण अभी उनका भावावेग चरम सीमा पर पहुँच रहा है।

प्रगतिवाद के प्रति आरम्भ में जितनी ललक कवियों की रही, उतनी उपन्यासकारों की नहीं। उपन्यासकारों के लिए यह सन्देश बहुत नया नहीं था, क्योंकि उपन्यास का जन्म ही सामाजिक यथार्थ को लेकर हुआ था। यही वजह है कि 'प्रगतिशील लेखक संघ' के अध्यक्ष-पद से भाषण करते हुए प्रेमचन्द ने कहा कि लेखक स्वभावत: प्रगतिशील होता है, इसलिए 'प्रगतिशील लेखक संघ' में 'प्रगतिशील' शब्द आवश्यक है।

कुछ लोगों ने प्रेमचन्द के इसी कथन का सहारा लेकर 'प्रगतिशील' शब्द को गलत ठहराने की कोशिश की, लेकिन उस कथन को पूरे प्रसंग में रखकर देखने से यही अर्थ समझ में आ जाता है।

इस कुतूहलहीनता के बावजूद उपन्यासकारों ने दिल खोलकर प्रगतिशीलता का स्वागत किया जैसा कि स्वयं प्रेमचन्द के कथन और आचरण से स्पष्ट है।

आलोचना के क्षेत्र में प्रगतिवाद ने साहित्य की मार्क्सवादी व्याख्या का नारा दिया जो आलोचकों के लिए काफी विचारोत्तेजक प्रतीत हुआ। फलत: आलोचना के क्षेत्र में प्रगतिवाद का सबसे अधिक स्वागत हुआ।

इस तरह अपने प्रादुर्भाव-काल से ही प्रगतिवाद एक ऐसी जीवन-दृष्टि बन गया जिससे कविता, उपन्यास, आलोचना—सभी क्षेत्रों में नवीन दिशाओं और मान्यताओं के द्वार खुल गए। छायावाद से प्रगतिवाद इसी अर्थ में विशिष्ट है कि छायावादी जीवन-दृष्टि जहाँ अधिकांशत: कविता के क्षेत्र में ही व्यक्त होकर रह गई, वहाँ प्रगतिवादी जीवन-दृष्टि साहित्य के प्राय: सभी क्षेत्रों में अपनी अभिव्यंजना करने लगी।

इस तरह प्रगतिवाद रचनात्मक साहित्य और आलोचनात्मक मानदंड, दोनों है।

[2]

प्रगतिवाद का विरोध करते हुए कुछ लेखक कहते हैं कि यह सर्वथा अभारतीय और विदेशी विचारधारा है क्योंकि एक तो यह मार्क्सवाद पर आधारित है, दूसरे इसका सूत्रपात जिस 'प्रगतिशील लेखक संघ' के द्वारा हुआ, वह फ्रांस के विदेशी वातावरण में स्थापित हुआ था और अब भी वह उस कम्युनिस्ट पार्टी द्वारा संचालित होता है जिसकी लगाम सोवियत रूस के हाथ में है।

लेकिन हिन्दुस्तान के अनगिनत लेखकों और पाठकों ने प्रगतिशील साहित्य को अपनाकर इसकी भारतीयता प्रमाणित कर दी है और इस तरह उन्होंने तमाम विरोधी आलोचकों को मुँहतोड़ जवाब दिया है। इसलिए प्रगतिवाद की भारतीयता

और अभारतीयता को लेकर बहस करना अब बेकार है। फिर भी लोगों की तुष्टि के लिए उस ऐतिहासिक पृष्ठभूमि की ओर संकेत किया जा सकता है, जिसके अनिवार्य परिणामस्वरूप प्रगतिवाद पैदा हुआ।

यह प्रगतिवाद की माँ मार्क्सवाद ही है तो हिन्दी में प्रगतिवाद का जन्म उन्नीसवीं सदी में ही हो जाना चाहिए था क्योंकि उस समय यूरोप में मार्क्सवाद की धूम मची हुई थी और हिन्दुस्तानी लोग तक यूरोप के सम्पर्क में अच्छी तरह आ गए थे, लेकिन वास्तविकता यह है कि हिन्दी में प्रगतिवाद पैदा हुआ 1930 ई. के बाद। इसका साफ मतलब है कि प्रगतिवाद हिन्दी में अपने समय पर ही पैदा हुआ—ऐसे समय जब हिन्दी जाति और साहित्य की जमीन उसके अनुकूल तैयार हो गई थी।

सन् 1930 तक आते-आते हिन्दुस्तान की राष्ट्रीय संस्था कांग्रेस में वामपक्षी दल कायम हो गया था, स्वयं कांग्रेस के भी प्रस्तावों में हिन्दुस्तान के श्रमजीवी जन-समूह की चर्चा होने लगी थी। किसान-मजदूर आन्दोलन में काफी ताकत आ गई थी। तत्कालीन साहित्य में भी इस राजनीतिक जागरण की छाया दृष्टिगोचर होने लगी थी। प्रेमचन्द सन् 1930 में 'गबन' उपन्यास लिखते हुए देवीदीन खटिक के मुँह से बड़े लोगों के सुराज की आलोचना तथा श्रमजीवियों के सुनहले भविष्य के विषय में भविष्यवाणी करवाते हैं कि अभी दस-पाँच बरस चाहे न हो, लेकिन आगे चलकर बहुमत किसानों और मजदूरों का ही हो जाएगा। प्रसाद के 'तितली' उपन्यास में भी इस उभरते हुए वर्ग की छाया स्पष्ट दिखाई पड़ती है।

कविता में भी कल्पना के स्थान पर ठोस वास्तविकता और वैयक्तिकता के स्थान पर सामाजिकता का आग्रह सन् 1930 के बाद से ही बढ़ने लगा था।

आलोचना में आचार्य शुक्ल 'लोक-मंगल की साधनावस्था' पर जोर दे रहे थे और इस तरह के साहित्य के सामाजिक मूल्यांकन के लिए मार्ग प्रशस्त कर रहे थे।

ऐसी सामाजिक और साहित्यिक परिस्थिति में प्रगतिवाद का प्रादुर्भाव होना युग की स्वाभाविक आवश्यकता थी। उस समय लेखकों ने जिस उत्साह से प्रगतिवाद को अपनाया, उससे प्रगतिवाद भारत साहित्य-परम्परा की स्वाभाविक आवश्यकता ही प्रतीत होता है।

इस आवश्यकता की पूर्ति के लिए जिस प्रकार का प्रगतिशील साहित्य लिखा गया, उससे भी यही प्रमाणित होता है कि प्रगतिवाद हिन्दी साहित्य की परम्परा का स्वाभाविक विकास है। प्रगतिवाद के नाम पर आरम्भ में पंत जी ने मार्क्सवाद और गांधीवाद, भौतिकवाद और अध्यात्मवाद, सामूहिकता और वैयक्तिकता, बहिर्जगत् और अन्तर्जगत्, भाव और रूप वगैरह का समन्वय करना चाहा, जिसमें

छायावादी परम्परा का आग्रह स्पष्ट है। इसी तरह प्रगतिवाद के नाम पर दिनकर, भगवतीचरण वर्मा और नवीन ने जो विनाश और विध्वंस का आह्वान किया, उसमें पूर्ववर्ती व्यक्तिवाद की अराजकतावादी तथा विपथगा मनोवृत्ति का ही विस्फोट है। प्रगतिवाद के नाम पर अमृतलाल नागर, नरोत्तम नागर आदि 'उच्छृंखल' दल के लेखकों ने यौन विकृतियों का नग्न उद्घाटन किया, वह भी स्पष्ट रूप से छायावादी अशरीरी भावनाओं की मांसल तथा शारीरिक प्रतिक्रिया है और इस उच्छृंखलता के मूल में भी वह व्यक्तिवादी अराजकता है। इन सभी प्रवृत्तियों के सम्मिलित प्रभाव में निराला ने जो 'अणिमा' के करुणा भरे प्रार्थना-गीत गाए, एकाकीपन पर विलाप किया, 'कुकुरमुत्ता' के क्षुद्र मुख से अहं-भरी घोषणाएँ की और रवीन्द्रनाथ की 'विजयिनी' की पैरोडी करते हुए खजोहरा-पीड़ित बुआ का रेखाचित्र खींचा—वह सब उनके छायावाद-युगीन संस्कारों का ही कहीं बढ़ाव और कहीं प्रतिक्रिया है।

प्रगतिवाद के आरम्भ में यह जो अध्यात्मवाद, अराजकतावाद विकृत यथार्थवाद अथवा प्राकृतिकवाद की प्रवृत्तियाँ दिखाई पड़ती हैं, उनका रिश्ता मार्क्सवाद से बहुत दूर का है—इसे आज का सामान्य विद्यार्थी भी जानता है। इससे पता चलता है कि हिन्दी लेखकों ने बाहर के मार्क्सवादी प्रभाव को अपने व्यक्तिवादी और भाववादी संस्कारों की सीमा में ही स्वीकार किया और उसी के अनुरूप उसमें प्रतिक्रियाएँ भी हुईं। मध्यवर्गीय लेखकों के मन पर परिस्थिति का जैसा दबाव था, उसमें प्रायः इसी प्रकार का परिवर्तन सम्भव हो सका।

उन लेखकों के अतिरिक्त जो अपने को शुद्ध मार्क्सवादी कहते थे और यहाँ तक कि कम्युनिस्ट भी थे और इस नाते 'प्रगतिशील लेखक संघ' के नेता थे, उनमें भी भीतर से अनेक भाववादी तथा व्यक्तिवादी संस्कारों के अवशेष रह गए थे। शिवदान सिंह चौहान और प्रकाशचन्द्र गुप्त की आलोचनाओं में इस कमजोरी पर प्रायः अँगुली उठाई गई है। इनके अतिरिक्त जिन आलोचकों ने एकदम मार्क्सवादी सिद्धान्तों में अपने को दीक्षित कर लेने का दम भरा और इसके फलस्वरूप प्रगतिशील साहित्य में 'शुद्धि' का आन्दोलन चलाया, उनकी अत्यधिक प्रगतिशीलता भी प्रकारान्तर से पूर्ववर्ती व्यक्तिवादी संस्कारों की प्रतिक्रिया का फल है। परिस्थितियों के अनुसार सम्पूर्ण साहित्य का आन्तरिक रूपान्तर किए बिना अथवा हुए बिना, खुद अकेले सबसे बहुत आगे बढ़ जाने का स्वाँग भरना और फिर वहाँ से बाकी लोगों को लताड़ बताना प्रकारान्तर से विध्वंसवादी वैयक्तिक क्रान्तिकारियों का-सा ही काम है। पार्टी की बोली में जिसे दक्षिणपंथी और वामपंथी भूलों के नामों से पुकारा गया, वह दोनों ही पूर्ववर्ती युग के बद्धमूल साहित्यिक संस्कारों के परिणाम हैं।

आरम्भिक प्रगतिवाद की इन तमाम दुर्बलताओं से भी नहीं प्रमाणित होता है कि वह हिन्दी साहित्य की परम्परा का स्वाभाविक विकास है। जिस तरह प्रगतिवाद में पूर्ववर्ती साहित्य-परम्परा की सामाजिक चेतनावाले तत्त्वों का विकास हुआ, उसी तरह उसके व्यक्तिवादी-भाववादी संस्कारों की भी छाया बहुत दिनों तक पड़ती रही। ये दोनों बातें सिद्ध करती हैं कि प्रगतिवाद का उद्भव और विकास अपनी ही सामाजिक और साहित्यिक परिस्थिति में हुआ।

जो प्रगतिवाद को सर्वथा विदेशी विचारधारा कहते हैं, वे भी और जो इसे भारतीय परम्परा का ऐतिहासिक विकास कहते हुए भी प्रगतिशील लेखकों की दुर्बलताओं का मजाक उड़ाते हैं, वे भी—दोनों ही प्रकार के लेखक प्रगतिवाद के उद्भव और विकास की ऐतिहासिकता को समझने से इनकार करते हैं। इसके अतिरिक्त जो प्रारम्भिक प्रगतिवाद को व्यापक और परवर्ती प्रगतिवाद को संकीर्ण कहते हैं, वे भी केवल ऊपरी आन्दोलन के भ्रम में पड़कर प्रगतिशील साहित्य के उद्भव और विकास की ऐतिहासिक गतिविधि को नजरअन्दाज कर जाते हैं।

[3]

प्रगतिवाद के इन बीस वर्षों का इतिहास साहित्य में स्वस्थ सामाजिकता, व्यापक भावभूमि और उच्च विचार के निरन्तर का विकास इतिहास है, जो केवल राजनीतिक जागरण से आरम्भ होकर क्रमशः जीवन की व्यापक समस्याओं की ओर, आदर्शवाद से आरम्भ होकर क्रमशः यथार्थवाद की ओर और यथार्थवाद अथवा नग्न यथार्थ से आरम्भ होकर क्रमशः स्वस्थ सामाजिक यथार्थवाद की ओर अग्रसर होता जा रहा है।

प्रगतिशील साहित्य कोई स्थिर मतवाद नहीं है, बल्कि यह एक निरन्तर विकासशील साहित्य-धारा है, जिसके लेखकों का विश्वास है कि प्रगतिशील साहित्य लेखक की स्वयंभू अन्तःप्रेरणा से उद्भूत नहीं होता, बल्कि सामाजिक और सांस्कृतिक विकास के क्रम से वह भी परिवर्तित और विकसित होता रहता है और उसके सिद्धान्त उत्तरोत्तर स्पष्ट तथा अधिक पूर्ण होते चलते हैं।

प्रगतिवाद का आरम्भ साहित्य में आर्थिक और राजनीतिक आन्दोलन के रूप में हुआ। हिन्दुस्तान की आजादी उस समय लेखकों की प्रमुख समस्या थी; इसके साथ ही वे किसानों-मजदूरों की सुख-सुविधा के लिए भी चिन्तित थे। छायावादी कविता में प्रेम-भावना की ही प्रधानता थी और उसमें जो देशभक्ति की कविताएँ हुईं भी, उनसे लोगों की राष्ट्रीय भावनाओं की परितृप्ति नहीं हो सकी। इस तरह देश की विशेष राजनीतिक परिस्थितियों के कारण पच्चीस-तीस वर्ष पहले वाला व्यापक

सांस्कृतिक-सामाजिक जागरण अब केवल राजनीति में केन्द्रित हो गया। छायावाद यदि इस सदी के सांस्कृतिक पुनर्जागरण की उपज था तो प्रगतिवाद राजनीतिक जागरण की। दोनों की प्रकृति में अन्तर होने का यही मूल कारण है।

सन् पैंतीस के जमाने में साहित्य और राजनीति के सम्बन्धों को लेकर गर्म चर्चा चल पड़ी। जिस तरह छायावादी युग में 'साहित्य समाज का दर्पण है' कहने की हवा थी, उसी तरह इस युग में साहित्य और राजनीति की घनिष्ठता पर जोर दिया जाने लगा। जो कुछ अधिक समझदार थे, वे साहित्य के इससे भी व्यापक कार्यों की ओर संकेत करते हुए मैथ्यू आर्नल्ड का मशहूर फिकरा दुहराते थे कि साहित्य जीवन की आलोचना है।

इसका कारण यह है कि सामान्य लोगों के जीवन में राजनीति का तथा राजनीति में सामान्य लोगों का ऐसा प्रवेश पहली बार हुआ था। इससे पहले राजनीति केवल बड़े लोगों की चीज थी। लेकिन जनतांत्रिक परिस्थिति के आने से अब हवा बदल गई।

इस प्रतिक्रिया के फलस्वरूप साहित्य के क्षेत्र में नवजीवन तो आया, लेकिन साथ ही एक दूसरे ढंग की संकीर्णता भी आ गई क्योंकि साहित्य यथासम्भव सम्पूर्ण मानव व्यक्तित्व को लेकर चलता है और इसी से वह मूल्यवान् भी होता है, केवल राजनीतिक व्यक्ति में साहित्य के लिए विशेष सामग्री नहीं मिल सकती। यह स्वीकार करना पड़ेगा कि काफी आलोचना-प्रत्यालोचना के बावजूद अभी तक प्रगतिशील साहित्य की यह एकांगिता दूर नहीं हो सकी है, परन्तु प्रगतिशील लेखक पिछले कुछ वर्षों से इस कमी को बड़ी तीव्रता से अनुभव कर रहे हैं।

प्रगतिवाद के आरम्भ-काल में जो दूसरा सवाल बड़े जोर-शोर से उठाया गया, वह यह था कि 'कस्मै देवाय हविषा विधेम्?' इस वैदिक ऋचा के द्वारा लेखकों ने यह सवाल रखा कि साहित्य किसके लिए? छायावादी कवियों के लिए साहित्य प्रायः 'स्वान्तः सुखाय' अथवा अपने लिए था। इसकी प्रतिक्रिया में 'साहित्य समाज के लिए' का नारा उसी वक्त दिया गया, लेकिन जब प्रगतिवाद ने कहा कि समाज में भी किसान-मजदूरों के लिए साहित्य है, तो अनेक सतर्क मध्यवर्गीय लेखक भड़क उठे। 'विशाल' भारत में उस समय अज्ञेय ने इस मत का विरोध करते हुए कहा कि किसान-मजदूरों की तरह आज निम्न मध्यवर्ग भी पीड़ित है—यह नहीं बल्कि इस समाज-व्यवस्था में छोटे-बड़े सभी लोग परेशान हैं, इसलिए साहित्य सबके लिए—सम्पूर्ण मानव-जाति के लिए है।

लेकिन इस 'मानवतावादी' लेखक ने उस समय इस आदर्शवादी गुब्बारे में छिपी हुई अपनी मध्यवर्गीय स्वार्थपरता के कारण यह नहीं देखा कि उसका मानवतावाद

पैदा किसके कारण हुआ? उसने ध्यान नहीं दिया कि शोषण के विरुद्ध विद्रोह की वह भावना मध्यवर्ग में अथवा सम्पूर्ण समाज में किस जागरण के फलस्वरूप आई? सन् तीस-पैंतीस से पहले यह उदार मानवतावाद कहाँ था? अगर किसानों-मजदूरों ने शोषण से असन्तुष्ट होकर उस समय सिर न उठाया होता तो बुद्धिजीवियों में उनके प्रति सहानुभूति भी पैदा न होती और न आता यह मानवतावाद और बौद्धिक सहानुभूति वाला यह मानवतावाद कितना खोखला था—धोखा भरा था, इसका भी पर्दाफाश शीघ्र हो गया! इस 'दयाशील मानवतावाद' से भी अतृप्त होकर जब किसान-मजदूरों ने दया की जगह अपने अधिकारों की माँग की तो मानवतावाद ने नया मोड़ लिया अथवा उसे नया मोड़ लेना पड़ा।

मुख्य रूप से किसानों-मजदूरों को ध्यान में रखकर उनकी दृष्टि से न लिखने पर मध्यवर्ग का पीड़ित लेखक अन्त में कितना निराशावादी और कभी-कभी कितना मानवता-विरोधी हो जाता है, यह स्वयं अज्ञेय की ही साहित्य-रचना से देखा जाता है। इस तरह के लेखक का मानवतावाद कितना संकुचित और केवल आत्मसुखवादी बन जाता है, इसे अज्ञेय के साहित्य का पन्ना-पन्ना प्रमाणित करता है, जिसमें वर्गभेद से ऊपर उठकर निष्पक्ष भाव से लिखने के नाम पर लेखक केवल अपनी विशिष्ट मध्यवर्गीय दुर्बलता को ही 'रैशनलाइज़' करता चलता है और किसान-मजदूर शब्द तक उसकी कलम की नोक पर नहीं आते।

लेकिन उस समय 'साहित्य किसके लिए' के उत्तर में केवल अज्ञेय जैसे थोड़े से लेखकों ने ही इस तरह की संकीर्ण दृष्टि का परिचय दिया। मैथिलीशरण गुप्त जैसे पुरानी पीढ़ी के लेखकों ने भी 'बहुजन हिताय, बहुजन सुखाय' की उदात्त वाणी में अपना हृदयोद्गार प्रकट किया।

इसके फलस्वरूप कविता में पहली बार किसानों—विशेषतः मजदूरों के गन्दे पैरों की पवित्र धूल दिखाई पड़ी। संध्या के झुटपुटे में पंत जी को चिड़ियों के 'टी-वी-टी—टुट्-टुट्' के साथ ही डगमग डग घर का मग मापते हुए कुछ श्रमजीवी दिखाई पड़ गए; और टीले पर उन्हीं के नंगे तन गदबदे बदन वाले लड़के भी आ गए। कविता में पहली बार इतनी व्यापक सहानुभूति का प्रवेश हुआ। परिस्थितिवश यह सहानुभूति 'बौद्धिक' ही थी और यह मानवता भी केवल सहानुभूति रही, फिर भी हृदय की इस विशालता ने साहित्य में नवजीवन का संचार कर दिया और साहित्य का क्षेत्र व्यापक बना दिया और उसमें उच्चकोटि की नैतिकता प्रतिष्ठित कर दी।

इस बौद्धिक सहानुभूति ने एक ओर लेखक को यथार्थ की ठोस धरती पर उतारा तो दूसरी ओर उसके सिर को आदर्शवाद के ऊँचे आकाश में उठा दिया। दार्शनिक स्तर पर इसे पंत जी ने भौतिकवाद और अध्यात्मवाद का समन्वय समझा

और सांस्कृतिक स्तर पर पश्चिम और पूरब का सम्मिलन। राजनीतिक जीवन में उन्हें यह मार्क्सवाद और गांधीवाद का सामंजस्य जान पड़ा और कविता में रूप और भाव का मिश्रण।

वस्तुतः यह छायावादी संस्कार और प्रगतिवादी विवेक का संघर्ष था और पंत जी संस्कार को विवेक से तोड़कर परिस्थिति के अनुरूप उसका रूपान्तर करने की जगह उनका सामंजस्य करने लगे, लेकिन ये दोनों चीजें इस कदर परस्पर विरोधी हैं कि प्रगतिशील विवेक के पर्याप्त सामर्थ्य के अभाव में पुराने छायावादी संस्कारों का प्रबल हो उठना स्वाभाविक था। पंत जी जैसे जन-भीरु और समाज के कटे हुए व्यक्ति के लिए केवल बौद्धिक ढंग से इस संघर्ष को सुलझाकर प्रगतिशील विवेक अपना लेना सम्भव न था। फलतः उनकी सामाजिक चेतना धीरे-धीरे हवाई आदर्श के रूप में शेष रह गई।

लेकिन पंत जी की यह परिणति धीरे-धीरे कई वर्षों में हुई। जब वे अपने वर्तमान आध्यात्मिक ऊर्ध्वगमन का विकास क्रम बतलाते हुए इसका बीज 'ज्योत्स्ना' के हवाई आदर्शवाद में दिखलाते हैं तो ठीक ही कहते हैं। हिन्दी साहित्य के इतिहास में यह एक दुखद घटना है कि लोक-मंगल का ऐसा महान् स्वप्नद्रष्टा केवल 'ग्राम्या' के गीत गाकर आदर्शवाद के आकाश में खो गया। पंत जी की साहित्य भावना से पता चलता है कि उन्होंने अपने को बदलने की बहुत कोशिश की। छायावाद के मोह को तोड़कर जिस तरह उन्होंने नए लोक में कदम रखा, वह बहुत बड़े त्याग का नमूना है। युगवाणी के कोरे सैद्धान्तिक, नीरस और कलाहीन पद्य लिखना उन्होंने स्वीकार किया, लेकिन छायावादी रुचिरता का पुनरुत्थान अपने भीतर नहीं होने दिया। 'ग्राम्या' इसी आत्मत्याग का पुण्यफल है, जिसे उन्होंने चार वर्षों के कठिन आत्मबलिदान और अन्तःसंघर्ष के बाद प्राप्त किया। ग्राम्य प्रकृति और ग्राम्य नर-नारी के प्रति केवल 'बौद्धिक सहानुभूति' रखते हुए भी उन्होंने उनका मर्म बहुत कुछ पा लिया। 'हिमालय' की प्रकृति के कवि ने गाँव की प्रकृति का जो रूप लोगों के सामने खड़ा किया, वही हिन्दी काव्य के इतिहास में अभूतपूर्व था। 'उच्छ्वास' की बालिका, 'ग्रंथि' की प्रेयसी और 'गुंजन' की 'भावी पत्नी', 'रूपतारा' तथा 'अप्सरा' के सहचर ने ग्राम युवती की जो झाँकी दिखाई, वह अनूठी थी। 'एकाकी तारा' के विषण्ण गायक ने ग्रामीण वृद्ध की गहरी आँखों में झाँककर उसके मर्म की बात जिस ढंग से खोलकर रख दिया—उससे कवि की बौद्धिक सहानुभूति की ईमानदारी का पता चलता है।

लेकिन 'बौद्धिक सहानुभूति' की सीमा का यहीं अन्त होता है और उसकी कार्य-शक्ति समाप्त होती है। यदि जनता के सम्पर्क से फिर नई कार्य शक्ति नहीं आई

तो ऐसी दुर्बल दशा में अध्यात्मवाद के पुराने मलेरिया का उभड़ आना स्वाभाविक है। खेद है कि पंत जी को 'अस्वस्थता' के क्षणों में 'ज्योत्स्ना' काल के दबे हुए अध्यात्मवाद ने उभड़कर फिर से दबोच लिया।

पंत जी के रोगग्रस्त होने पर अर्थात् सन् '43 के आसपास पुराने कवियों में निराला की ओर सबकी दृष्टि लगी। 'बादल राग', 'वनबेला', 'सरोज-स्मृति' और 'नर्गिस' के कवि से लोगों को स्वभावत: ही बहुत बड़ी-बड़ी उम्मीदें थीं, जिसने सन् '23 में लिखा था—

रुद्ध कोष है क्षुब्ध तोष
अंगना-अंग से लिपटे भी
आतंक अंक पर काँप रहे हैं
घनी, वज्र गर्जन से बादल
त्रस्त नयन-मुख काँप रहे हैं।
जीर्ण बाहु, है शीर्ण शरीर
तुझे बुलाता कृषक अधीर,
ऐ विप्लव के वीर!

और जिसकी कविता 'वनबेला' की तरह—

यह ताप-त्रास
मस्तक पर लेकर उठी अतल की अतुल साँस,

और जिसने स्वर्ग की चाँदनी के मुकाबले धरती की 'नर्गिस' को श्रेष्ठ मानते हुए कहा कि 'धन्य, स्वर्ग यही!' उस कवि से प्रगतिशीलता की आशा लगाना स्वाभाविक ही था। लेकिन एक ओर पंत जी दनादन युगवाणी और ग्राम्या दे रहे थे और दूसरी ओर निराला जी जैसे रास्ता ढूँढ़ रहे थे। चिर-प्रतीक्षा के बाद अपने नाम को सार्थक करती हुई छोटी-सी 'अणिमा' सन् '43 में बाहर निकली। भावभरे लघु-लघु गीतों और साहित्यकारों के स्तवन के अतिरिक्त हल्के हाथों खींचे हुए कुछ रेखाचित्र भी उसमें दिखे। जैसे—

सड़क के किनारे दुकान है
पान की। दूर इक्कावान है
घोड़े की पीठ ठोंकता हुआ,
पीरबख्श एक बच्चे को दुआ

दे रहा है, पीपल की डाल पर
कूक रही है कोयल, माल पर
बैलगाड़ी चली जा रही है।
नीम फूली है, खुशबू आ रही है
डालों से छन-छनकर राह पर
किरनें पड़ रही हैं बाँह पर
बाह किए जा रहा है खेत में
दाहिनी तरफ किसान, रेत में
बाईं तरफ कुछ चिड़ियाँ बैठी हैं
खुली जड़ें सिरसे की ऐंठी हैं।

लेकिन 'ग्राम्या' के आगे इस रेखाकारी पर बहुत कम लोगों का ध्यान गया। तभी निराला के विक्षिप्त होने का बुरा समाचार आया। थोड़े दिनों बाद इसी मन: स्थिति में उनका 'कुकुरमुत्ता' और 'नए पत्ते' निकले। 'कुकुरमुत्ता', 'गर्म पकौड़ी', 'खजोहरा', 'महगू महँगा रहा', 'डिप्टी साहब आए', 'कुत्ता भौंकने लगा' आदि व्यंग्यों को देखकर साधारण पाठकों को बड़ी निराशा हुई। जिस मजाक के ढंग से वे कविताएँ कही गई थीं, उससे अधिक मजाक के रूप में ली गईं। कुछ ने कहा, यह पागलपन है और कुछ ने कहा, निरालापन। निराला के भक्तों ने इसमें यथार्थवाद की बड़ी-बड़ी बारीक बातें दिखाईं। इतना सब होते हुए भी साहित्य के सामान्य पाठक तथा चौहान जैसे कुछ आलोचक पंत जी को ही प्रगतिवाद का प्रवर्तक समझते रहे। निराला की प्रगतिशीलता की ओर लोगों का ध्यान नहीं रहा।

'नए पत्ते' की एक लम्बी कविता 'देवी सरस्वती', जो अपने प्रकृति-चित्र में पंत जी की 'ग्राम्या' से अधिक यथार्थ तथा सांस्कृतिक परम्परा की गरिमा में बेजोड़ है, प्राय: निराला के भक्तों तथा सामान्य पाठकों से भी अनदेखी गुजर गई। जिस तरह छायावादी युग में पंत जी के उच्छ्वास, आँसू वगैरह की-सी विशेषताओं को समेटते हुए उसी शैली में 'यमुना के प्रति' शीर्षक लम्बी कविता लिखकर निराला ने चुनौती दी, उसी तरह प्रगतिशील युग में उनकी 'देवी सरस्वती' ने पंत जी की ग्राम्या के बिखरे प्रयत्नों को एक ही बृहद् प्रयत्न से ललकार दिया।

इसके गठन में पंत जी की 'अप्सरा' की-सी विराट् कल्पना का आश्रय लिया गया है, लेकिन यह 'सरस्वती' शताब्दियों से प्रगति के पथ पर अग्रसर होती आ रही जनता की सरस्वती हैं जो उसकी खेती-बारी लहरा रही हैं और उसके दुख-सुख की संगिनी है। इस नूतन 'सरस्वती' की—

ऐसे बाह-बाह की वीणा बजी सुहाई,
पौधों की रागिनी सजीव सजी सुखदाई।
सुख के आँसू दुखी किसानों की जाया के
भर आए आँखों में खेती की माया से
मग्न किसानों के घर उन्मद बजी बधाई।

इस 'सरस्वती' से कवि का कहना है कि तुम—

सायक चढ़ी हुई हो, जनता का जी धन्वी।

अन्त में वाल्मीकि से लेकर दादू तक 'सरस्वती' का क्रमिक प्रगति का इतिहास बतलाते हुए निराला निष्कर्ष निकालते हैं कि—

तुम्ही चिरन्तन जीवन की उन्नायक, भविता,
छवि विश्व की मोहिनी, कवि सनयन कविता।

इसके बाद तरह-तरह के स्वरों में कुछ प्रयोग करते हुए विक्षिप्त-चित्त निराला किसी रहस्य-शक्ति की 'अर्चना' और 'आराधना' करने लगे। पंत जी की तरह निराला के भी वेदान्ती संस्कार कमजोरी में उमड़ आए। एक ओर उनकी अराजक विद्रोह प्रकृति ने उन्हें विक्षिप्त करके व्यंग्य-विद्रूप की ओर उन्मुख किया तो दूसरी ओर उनके राम-कृष्ण-मिशन वाले संस्कारों ने भक्ति-भावना में गर्क कर दिया। जिस तरह पंत जी अपनी आध्यात्मिक उड़ान में भी सांसारिक समस्याओं पर विहंगम दृष्टि डालते हैं, उसी तरह निराला भी अपनी भक्ति-सिक्त वेदना में जन-साधारण की सांसारिक पीड़ा का अनुभव करते हैं। फिर भी पंत जी आभासित होने वाली सामाजिकता में उतनी सामाजिकता नहीं है, जितनी निराला की आभासित होनेवाली वैयक्तिकता में है। पंत जी के आशावाद में भी उतनी शक्ति नहीं है, जितना निराला के निराशावाद में है।

इस बीच देश में बंगाल का अकाल, द्वितीय महायुद्ध से उत्पन्न संकट, नौसेना-विद्रोह, हिन्दुस्तान-पाकिस्तान का बँटवारा, हिन्दू-मुस्लिम साम्प्रदायिक दंगों के फलस्वरूप भयंकर खून-खच्चर, देश से अंग्रेजों की राजनीतिक सत्ता का हटना और कांग्रेस के हाथों शासन-सत्ता का आना आदि अत्यंत महत्त्वपूर्ण घटनाएँ हुईं। इन घटनाओं ने कमोबेश हमारी आर्थिक, सामाजिक और नैतिक स्थिति को भी प्रभावित किया। निम्न-मध्यवर्ग की स्थिति पहले से भी अधिक खराब हुई और किसानों-मजदूरों में भयंकर असन्तोष फैला। आजादी के पहले वाले बहुत-से सपने टूट गए। सन् पैंतीस-छत्तीस में जो प्रगतिशील लेखक उत्साह और आशा लेकर चले

थे, उनमें इस मोहभंग के फलस्वरूप काफी कटुता उत्पन्न हुई। परिस्थिति की इस मार में अनेक लेखक पथ से विचलित हो गए; फिर भी कुछ लेखक ऐसे अवश्य डटे रह गए, जिन्होंने इन घटनाओं का साहस के साथ सामना किया। उन्होंने इस पर अपनी तात्कालिक साहित्यिक प्रतिक्रिया व्यक्त की। इन राजनैतिक रचनाओं में से बहुत-सी तो केवल सामयिक माँग को ही पूरी करने वाली थीं, लेकिन अकाल और दंगों पर कुछ अत्यंत मार्मिक रचनाएँ भी सामने आईं।

यह ध्यान देने योग्य तथ्य है कि प्रयोगवादी तथा दूसरे कवि जिस संकट काल में अन्तर्मुख होकर केवल अपने में उलझे रहे, प्रगतिशील लेखकों ने साहसपूर्वक आगे बढ़कर जनता को ढाढ़स बँधाया और उसकी रहनुमाई की। प्रेमचन्द द्वारा संस्थापित 'हंस' तथा कम्युनिस्ट पार्टी द्वारा संचालित 'नया-साहित्य' जैसे मासिक पत्रों ने इस युग में प्रगतिशील साहित्य की रचना और प्रचार में महत्त्वपूर्ण योग दिया। इन पत्रों तथा 'अखिल भारतीय प्रगतिशील लेखक संघ' के प्रयत्न से हिन्दी के प्रगतिशील लेखक उर्दू, बंगला, गुजराती, मराठी, पंजाबी, तेलगू, मलयालम आदि साहित्य के प्रगतिशील लेखकों के सम्पर्क में आए और इस तरह परस्पर सहयोग से उन्होंने पर्याप्त शक्ति अर्जित की। भक्ति-आन्दोलन के बाद फिर उस तरह का अखिल भारतीय साहित्य-संगम प्रगतिवाद के ही युग में सम्भव हो सका। जनता के इस विराट् ऐक्य ने अन्य भाषाओं के साहित्य की तरह हिन्दी साहित्य को भी बहुत बड़ी शक्ति दी।

प्रगतिशील साहित्य की इस विशाल सामाजिक भावना ने विकास-क्रम में साहित्य की नई पीढ़ी को जन्म दिया। इससे पहले सन् बीस और पैंतीस की दो पीढ़ियाँ प्रगतिशील साहित्य की रचना कर चुकी थीं और वे दोनों ही प्रगतिवाद के पूर्ववर्ती संस्कारों से ग्रस्त थीं। प्रगतिवाद ने उन्हें केवल मोड़ा भर था, पैदा नहीं किया था। अब प्रगतिवाद के लिए अवसर था कि अपने संस्कारों में साहित्यकारों की नई पीढ़ी पैदा करे और निःसन्देह उसने यह कार्य बड़ी सफलता से सम्पन्न किया।

इस जागरण के फलस्वरूप बोलियों में रचना करने वाले लोक कवि ऊपर उठे, जैसे बलभद्र दीक्षित पढ़ीस, रमई काका, वंशीधर शुक्ल, रामकेर विसराम, मुकुल, अशान्त, नन्दन आदि जिन्होंने अवधी, भोजपुरिया और राजस्थानी बोली में बड़े ही ओजस्वी तथा भावपूर्ण गीत और कविताएँ लिखीं। जिस तरह उन्नीसवीं सदी के सांस्कृतिक पुनर्जागरण तथा बीसवीं सदी के राष्ट्रीय जागरण ने मध्यवर्ग के नवशिक्षित युवक समुदाय में से अनेक कवि और साहित्यकार पैदा किए, उसी तरह पैंतीस के प्रगतिशील आन्दोलन की सबसे बड़ी उपलब्धि यह है कि उसने मुख्यतः किसानों,

मजदूरों और कुछ निम्न-मध्यवर्ग के पढ़े-लिखे युवकों में से नवीन भावनाओं वाले कवि तथा लेखक निकले। मध्यवर्ग से उगने वाली इस पौध के विशेष लेखक और कवि राहुल सांकृत्यायन, यशपाल, अश्क, नागार्जुन, केदारनाथ अग्रवाल, शिवमंगल सिंह सुमन, रामविलास शर्मा, रामवृक्ष बेनीपुरी, राधाकृष्ण, भवानी प्रसाद मिश्र, त्रिलोचन, रांगेय राघव, चन्द्रकुँवर वर्त्वाल, चंद्रकिरन सोनरिक्सा, अमृतराय, तेजबहादुर चौधरी, भीष्म साहनी, भैरव प्रसाद गुप्त, राजेन्द्र यादव, केदारनाथ सिंह, रामदरश मिश्र, मार्कंडेय वगैरह के नाम उल्लेखनीय हैं। ये वे लेखक और कवि हैं, जिन्हें प्रगतिशील आन्दोलन ने ही लेखक और कवि बनाया।

विकास के इस सोपान पर आते-आते प्रगतिशील साहित्य ने अपनी एक निश्चित परम्परा बना ली। पन्द्रह-बीस वर्षों के विभिन्न अतिवादों की निरन्तर क्रिया-प्रतिक्रिया के द्वारा प्रगतिशील साहित्य-धारा ने अपना एक निश्चित स्वरूप स्थापित कर दिया, जिसे देखकर अब यह बेखटके कहा जा सकता है कि प्रगतिशील साहित्य की अपनी विशेषताएँ हैं जो अन्य आदर्शवादी, व्यक्तिवादी तथा प्राकृतिकतावादी साहित्यिक प्रवृत्तियों से इसे अलग करती हैं। प्रगतिवाद ने जो अपना यह वैशिष्ट्य प्राप्त किया है उसे देखकर कुछ लेखक सोचते हैं कि प्रगतिवाद पैंतीस-छत्तीस की विशाल साहित्य-धारा की अपेक्षा अब संकीर्ण हो रहा है। लेकिन जो विचारशील हैं, वे यह लक्ष्य किए बिना न रहेंगे कि प्रगतिवाद आरम्भ की अनेक अध्यात्मवादी, व्यक्तिवादी, प्राकृतिकतावादी आदि मध्यवर्गीय प्रवृत्तियों से क्रमशः मुक्त होता हुआ अपना प्रकृत जनवादी रूप प्राप्त कर रहा है। इस विराट् जनवादी अभियान में जो रुका सो छूटा; जिसने इसका विरोध करने की हिमाकत की, वह गया और जिसने इसके उद्देश्य और कार्य में सन्देह प्रकट किया, वह सन्देहवादी टूटा। वे गुरु द्रोणाचार्य हों चाहे भीष्म पितामह, वे कर्ण हों अथवा जयद्रथ—इस महाभारत के विरोध पक्ष में जाकर उन्हें गतश्री होना ही है। अपने पूर्व वैभव के द्वारा आज वे चाहे जितने बड़े प्रतीत हो, रहे हों, लेकिन यदि इतिहास-विधाता के अनेक-बाहूदरवक्रनेत्र-वाले विराट् वपु की वाणी सुनें तो पता चलेगा कि ये तमाम महारथी वस्तुतः मारे जा चुके हैं, इतिहास ने भीतर से इनका सारा तेज हर लिया है!

इसीलिए आज वे सभी अध्यात्मवादी, व्यक्तिवादी, प्राकृतिकतावादी लेखक किसी आन्तरिक एकता को अनुभव करके दुरभिसन्धि एक स्थल पर एकत्र हो गए हैं—जो कुछ वर्ष पहले एक दूसरे के विरोधी और एकदम भिन्न विचार रखने वाले मालूम होते थे, वे सभी आज जैसे अभिन्न मित्र और एक हो रहे हैं और इनके इस एका ने ही प्रगतिशील साहित्य से अपने को अलगाकर परोक्ष रूप से प्रगतिशील साहित्य की निजी विशेषताओं को निर्धूम, मेघमुक्त और स्पष्ट कर दिया।

[4]

जिस तरह कल्पनाप्रवण अन्तर्दृष्टि छायावाद की विशेषता है और अन्तर्मुखी बौद्धिक दृष्टि प्रयोगवाद की; उसी तरह सामाजिक यथार्थ-दृष्टि प्रगतिवाद की विशेषता है। कविता के क्षेत्र में भी प्रगतिवाद इसी दृष्टि से प्रकृति और मानव को देखता है। 'ग्राम्या' की रचना करते समय जब पंत जी ने कहा था कि—

देख रहा हूँ आज विश्व को मैं ग्रामीण नयन से
सोच रहा हूँ जटिल जगत् पर जीवन पर जन मन से

तो उन्होंने इसी सामाजिक यथार्थ-दृष्टि की आधारशिला रखी थी।

इन दृष्टि ने सबसे पहले प्रकृति पर दृष्टिपात किया और अपनी यथार्थवादिता का प्रमाण इस तरह दिया कि छाया-प्रकृति के स्थान पर ग्राम्य-प्रकृति के यथार्थ रूप का अंकन किया। उसने बादलों के छायामय मेल के स्थान पर 'फैली खेतों में दूर तलक मलमल की कोमल हरियाली' वाली ग्रामश्री को अपनी कविता का विषय बनाया। दृष्टि बदलते ही दृष्टिबिन्दु भी बदल गया और साथ ही दृश्य भी। दृष्टि आकाश से उतरकर धरती पर, दूर से खिंचकर अपने आसपास आ गई। वह ग्रामश्री पहले भी थी, लेकिन छायावादी कवि का इस ओर ध्यान ही नहीं गया था। तब उसकी दृष्टि में 'लहलह पालक महमह धनिया', 'लाल लाल चित्तियाँ पड़े पीले-पीले-मीठे अमरूद', 'अरहर सनई की सोने की किंकिणियों', 'तीसी की नीलम कली', 'सरसों की उड़ती भीनी तैलाक्त गंध' जैसी सुन्दर वस्तुएँ नहीं आई थीं, लेकिन जब कवि ने देखा कि—

छायातप के हिलकोरों से चौड़ी हरीतिमा लहराती
ईखों के खेतों पर सुफेद कासों की झंडी फहराती

तो वह 'सुछवि के छायावन की साँस' वाले पल्लवों को भूल गया।

'धरती' का कवि त्रिलोचन यह 'ग्रामश्री' इस रूप में देखता है—

सघन पीली
ऊर्मियों में
बोर
हरियाली सलोनी
झूमती सरसों
प्रकम्पित वात से
अपरूप सुन्दर

धूप सुन्दर
धूप में
जग रूप सुन्दर
सहज सुन्दर!

इस उन्मुक्त सहजता के साथ ही केदारनाथ अग्रवाल की मस्त वसन्ती हवा की चेष्टाएँ—

चढ़ी पेड़ महुआ
थपाथप मचाया
गिरी धम्म-से फिर
चढ़ी आम ऊपर
उसे भी झकोरा
किया कान में कू
उतर कर भगी मैं
हरे खेत पहुँची—
वहाँ गेहुओं में
लहर ख़ूब मारी
पहर-दो पहर क्या
अनेकों पहर तक
इसी में रही मैं!
खड़ी देख अलसी
लिये शीश कलसी
मुझे ख़ूब सूझी!—
हिलाया-झुलाया
गिरी पर न कलसी!
इसी हार को पा
हिलाई न सरसों
झुलाई न सरसों!

और फसलों के 'स्वयंवर' की झाँकी लीजिए, जिसमें—

एक बीते के बराबर
यह हरा ठिंगना चना

बाँधे मुरैटा शीश पर—
छोटे गुलाबी फूल का,
सजकर खड़ा है।

और इस गँवई दृष्टि से दृष्टि मिलाइए।

यह ग्रामीण दृष्टि धीरे-धीरे विकास-क्रम में किस प्रकार सामान्यता से अपनी जनपदीय विशेषताओं की ओर उन्मुख हुई, इसे मिथिला के कवि नागार्जुन से इस स्मृति-चित्र में देखिए, जो सिन्धु-प्रवास की बेला में आँखों में खिंच आते हैं—

याद आता मुझे अपना वह 'तरउनी' ग्राम
याद आती लीचियाँ औ' आम
याद आते मुझे मिथिला के रुचिर भू-भाग
याद आते धान
याद आते कमल, कुमुदिनी और तालमखान
याद आते शस्यश्यामल जनपदों के
—रूप-गुण-अनुसार ही रक्खे गए वे नाम
आते वेणु-वन वे, नीलिमा के निलय अति अभिराम।

नागार्जुन की मैथिली बोली में लिखी कविताओं में मैथिल प्रकृति की स्थानीय विशेषताएँ अधिक उभरकर आई हैं।

एक बार प्रकृति पर यह प्रगतिशील दृष्टि देखें और फिर प्रयोगवादियों के प्रकृति-चित्रों को इनकी तुलना में रखें तो एक की स्वस्थ सामाजिकता और दूसरे की कुंठित वैयक्तिकता का अन्तर स्पष्ट हो जाएगा।

कहाँ तो सुन्दर धूप में सरसों की सघन पीली ऊर्मियों को देखकर त्रिलोचन सोचते हैं कि—

क्या कभी
मैं पा सकूँगा
इस तरह
इतना तरंगी
और निर्मल
आदमी का
रूप सुन्दर!
धूप सुन्दर!

और कहाँ अज्ञेय की 'उजली लालिमा मालती' भी 'गंध के डोरे डालती' प्रतीत होती है और उसे देख इस अन्तर्गुहावासी कवि के—

मन में दुबकी है हुलास ज्यों परछाईं हो चोर की

कहाँ वह स्वस्थ चित्त और कहाँ यह कुंठित मन!

गाँव के 'कलंगी मौर वाले बावले कासो' पर प्रयोगवादी कवि की भी दृष्टि जाती है, लेकिन वह वहाँ केवल पिकनिक की गरज से जाता है और आँख मारकर चला आता है। प्रगतिशील कवि गाँव के बाहर ही बाहर खेतों का चक्कर लगाकर लौट नहीं आता। वह चुपके-से 'संध्या के बाद' गाँव के भीतर घुस जाता है और घूमते-घूमते उसके पैर तथा दृष्टि इस विषादपूर्ण चित्र पर जाकर रुक जाती है—

माली को मड़ई से उठ नभ के नीचे नभ-सी धूमाली
नन्द पवन में तिरती नीली रेशम की-सी हल्की जाली
बत्ती जला दुकानों में बैठ सब कस्बे के व्यापारी
मौन मंद आभा में हिम-सी ऊँघ रही लम्बी अँधियारी।
धुआँ अधिक देती है टिन की ढिबरी कम करती उजियाला
मन से कढ़ अवसाद क्रान्ति आँखों के आगे बुनती जाला।
कँप-कँप उठते लौ के संग कातर उर क्रन्दन, मूक निराशा
क्षीण ज्योति ने चुपके-से गोपन मन को दे दी हो भाषा।

और इसी ज्योति के प्रकाश में कवि प्रकृति के बीच से गाँव में रहने वालों के जीवन में प्रवेश करने की चेष्टा करता है।

यहाँ उसे अनेक प्रकार के दृश्य देखने को मिलते हैं। कहीं चमारों, कहारों, धोबियों का नाच दिखाई पड़ता है तो कहीं 'ग्राम-देवता' के सम्मुख उसका श्रद्धा-समर्पित जीवन पड़ा मिलता है। अपने रास-रंग में भी ये दलित किसान जीवन की वास्तविकता नहीं भूलते और जमींदार के कार्यों पर स्वाँग भरते हुए टीका-टिप्पणी कर ही बैठते हैं।

इसी परिक्रमा में कवि की दृष्टि सहसा 'वर्ग-सभ्यता' के मन्दिर के निचले तल के 'दो वातायनों' पर जाती है, जो ध्यान से देखने पर किसान की दो आँखें ज्ञात हुईं। 'अन्धकार की गुहा सरीखी उन आँखों का तम' दिखाई पड़ा। उन आँखों में उस किसान के बेदखल हुए खेतों को लहराती हरियाली दीख गई और फिर कारकुनों की लाठी से मारा गया जवान लड़का, बिना दवा दर्पन के स्वरग चली जाने वाली गृहिनी, दुधमुँही बिटिया, कोतवाल द्वारा धर्षिता विधवा पतोहू, कुर्क हुई

धवरी गाय—सब कुछ साकार हो उठा और इस याद में फिरा कवि को दया की भूखी आँखें ऐसी लगीं जैसे—

तुरन्त शून्य में गड़ वह चितवन तीखी नोक सदृश बन जाती।

प्रयोगवादी कवियों की 'वे आँखें' नहीं दिखाई पड़तीं क्योंकि वे उनसे बचकर चलते हैं। यदि कभी इत्तफाक से उन आँखों से आँखें मिल भी गईं तो उनकी ज्योति से चौंधिया कर बन्द हो जाती हैं। प्रगतिशील कवि की तरह उनमें साहस ही नहीं है कि उन आँखों में झाँककर किसान के जीवन को देख सकें।

गाँवों के जीवन में घुसते ही प्रगतिशील कवि अपनी वैयक्तिकता भूलकर गाँव में रहने वाले तरह-तरह के लोगों को देखता है और उनका चित्र उरेहता है। अहीर की निरक्षर लड़की चम्पा, भोरई केवट, प्राइमरी स्कूल के मास्टर दुखरन झा, चना-चबेना खाने वाला चन्दू; चित्रकूट के बौड़म यात्री वगैरह-वगैरह। इनमें से एक चित्र देखिए। यह है नागार्जुन के 'दुखरन झा' और यह है उनका स्कूल—

घुन खाए शहतीरों पर की बारहखड़ी विधाता बाँचे
फटी भीत है, छत चूती है, आले पर विसतुइया नाचे
बरसा कर बेबस बच्चों पर मिनट-मिनट में पाँच तमाचे
इसी तरह से दुखरन मास्टर गढ़ता है आदम के साँचे

क्यों? वह उसकी तनखा से पूछिए।

प्रयोगवादी कवि इतनी आत्मस्थ और अहंलीन रहता है कि उसका ध्यान आदम के इन साँचों की ओर जाता ही नहीं। उसे अपने दर्द के सामने दूसरे के दुख-दर्द की ओर आँख उठाकर देखने की फुरसत ही नहीं। लेकिन उन्हें दुख-दर्द भी क्या है? वह दर्द केवल प्रेम की अतृप्ति और अप्राप्ति का दर्द है! प्रयोगवादियों में बहुत कम कवि ऐसे हैं जो गहराई में बैठकर अनुभव कर सकें कि 'और भी दर्द है दुनिया में मुहब्बत के सिवा'। व्यक्तिवादी कवि के मन में इस तरह के विचार कभी ही कभी आते हैं और वह भी रघुवीर सहाय जैसे कुछ एक ही कवियों में—

माधवी
(या और भी जो कुछ तुम्हारे नाम हों...)
तुम एक ही दुख दे सकी थीं
फिर भला ये सब किसने दिए हैं?
जो मुझे हैं और दुख, वे तुम्हें भी तो हैं।

लेकिन ये और दुख कौन-से हैं, इन्हें प्रयोगवादी कवि साफ-साफ नहीं कहता क्योंकि कहना नहीं चाहता।

कभी गिरिजाकुमार जैसे प्रयोगवादी कवि शहरी मध्यवर्ग के इन और दुखों को कहना चाहते हैं, पर वे भी अस्पष्ट ढंग से उसे 'थकान' कहकर रह जाते हैं। 'शाम की धूप' की रंगीनियों से आँखें रंजित करने और उसकी गरमाई में आँखें सेंकने के बाद वे ऑफिस से लौटते हुए बाबुओं की साइकिल के पीछे बँधी हुई भूखी फाइलों, और रोजमर्रा के इस्तेमाल के लिए खरीदे हुए मामूली सामानों से भरी टोकरी 'किस्मत' पर दृष्टि दौड़ाते हैं। लेकिन उससे कतराकर कवि तुरन्त वहाँ भाग जाता है जहाँ—

घर के उस फूल पर यह मन की बूँद
ठहरना चाहती सुध-बुध खोकर
जिससे उतरे थकान तन-मन की
डूबकर रात की मिठासों में!

लेकिन यह 'धूप' निम्न-मध्यवर्ग के प्रगतिशील कवि के जीवन पर कैसी रोशनी डालती है, इसे गिरिजाकुमार अपने मित्र नागार्जुन की इन पंक्तियों में देखें—

पूस-मास की धूप सुहावन
घिसे हुए पीतल, सी पांडुर
पूस-मास की धूप सुहावन
स्तनपायी नीरोग गौर-छवि
शिशु के गालों जैसी मनहर
पूस-मास की धूप सुहावन
फटी दरी पर बैठा है चिर-रोगी बेटा
राशन के चावल से कंकड़ बीन रही पत्नी बेचारी
गर्भ-भर से अलस शिथिल हैं अंग-अंग
मुँह पर उसके मटमैली आभा
छप्पर पर बैठी है बिल्ली
किसके घर से जाने क्या कुछ खा आई है
चला-चलाकर जीभ स्वाद लेती होंठों का

इधर घर में कोयला ही नहीं है और यह तय है कि 'पूस-मास की धूप सुहावन चावल नहीं सिझा सकती है, रोटी नहीं सेंक सकती है, भाजी नहीं पका सकती है' इसलिए—

जहाँ कहीं से एक अठन्नी लानी होगी
वर्ना इस चूल्हे के मुँह पर फिर मकड़ी का जाला होगा!

प्रयोगवाद की रूमानी दृष्टि में और प्रगतिवाद की यथार्थदर्शी दृष्टि में यह अन्तर है!

ऐसा नहीं है कि प्रगतिशील कवि को प्रेम सम्बन्धी दुख-दर्द नहीं सताता! सताता है। वह भी आदमी है और इस व्यवस्था में उसे जहाँ आर्थिक कष्ट है, वहाँ उन आर्थिक कष्टों के कारण अथवा उनके अलावा अन्य प्रकार की भी मानसिक व्यथाएँ होती हैं। घोर निर्जनता में उसे अपनी प्रिया का 'सिन्दूर-तिलकित भाल' याद आता है। और सम्पूर्ण प्रयोगवादी कविता में इस 'सिन्दूर-तिलकित भाल' की शुचिता के दर्शन नहीं हो सकते। प्रगतिशील कविता में जो स्वस्थ सामाजिक-पारिवारिक प्रेम व्यक्त हुआ है, वह प्रयोगवाद के स्वैराचार और कुंठा-भरे काव्य में नहीं मिल सकता।

प्रगतिशील कवि जहाँ स्वच्छंद प्रेम का चित्रण करता है, वहाँ भी संयम और स्वस्थ मनोवृत्ति का परिचय देता है। स्फूर्तिदायक प्रथम परिचय का एक चित्र त्रिलोचन के कुंठाहीन हृदय में देखिए—

यों ही कुछ मुसकाकर तुमने
परिचय की वह गाँठ लगा दी।
था पथ पर मैं भूला भूला
फूल उपेक्षित कोई फूला
जाने कौन लहर थी उस दिन
तुमने अपनी याद जगा दी
कभी कभी यों हो जाता है
गीत कहीं कोई गाता है
गूँज किसी उर में उठती है
तुमने वही धार उमगा दी
जड़ता है जीवन की पीड़ा
निस्तरंग पाषाणी क्रीड़ा
तुमने अनजाने वह पीड़ा
छवि के शर से दूर भगा दी!

प्रगतिशील कवि का प्रेम इतना स्वस्थ और स्फूर्तिदायक इसलिए है कि वह प्रेम को सम्पूर्ण जीवन का अंग समझकर अनुभव करता है। प्रयोगवादी कवि की तरह वह सम्पूर्ण जीवन से प्रेम-सम्बन्ध को काटकर देखने का आदी नहीं है। जिस तरह उसके प्रेम-सम्बन्ध को सामाजिकता सुधारती चलती है, उसी तरह उसका

प्रेम-सम्बन्ध सामाजिक भावना को भी बल देता चलता है। त्रिलोचन का अनुभव है कि—

मुझे जगत्-जीवन का प्रेमी
बना रहा है प्यार तुम्हारा।

और जगत्-जीवन का प्रेमी सौन्दर्य-मुग्ध दृष्टि से केवल उसकी सुषमा को हीन नहीं देखता है, बल्कि उसकी सुषमा पर घिरती हुई छाया को देखता है और फिर उस सर्वग्रासी छाया को दूर करने की चेष्टा में ही अपनी निजी पीड़ा का भी अन्त समझता है। इसीलिए प्रगतिशील कवि की निराशा में भी आशा की दीप्ति होती है। प्रयोगवादी कवि की तरह वह दुख या सुख, कुछ भी अकेले-अकेले नहीं झेलना चाहता है।

आज मैं अकेला हूँ
अकेले रहा नहीं जाता।
जीवन मिला है यह
रतन मिला है यह
धूल में कि फूल में
मिला है तो मिला है यह
मोल-तोल इसका
अकेले कहा नहीं जाता!
ओखी धार दिन की
अकेले बहा नहीं जाता?

यही सामाजिकता प्रगतिशील कवि में वास्तविक देशप्रेम जगाती है। अहंलीन प्रयोगशील कवियों का ध्यान शायद ही कभी देशप्रेम के गीत लिखने की ओर जाता हो, क्योंकि वे देशप्रेम को पुरानी चीज समझते हैं; उनके विचार से यह पूर्ववर्ती राष्ट्रीय जागरण वाले युग की भावना है और अब उसकी कोई आवश्यकता नहीं है।

अन्तरराष्ट्रीयता के नाम पर वस्तुत: वे अराष्ट्रीयता का प्रचार करते हैं। विदेशी कवियों के भाव-रूप में वे इस तरह रँगे हुए हैं कि उनकी कविता में अपनी देशज विशेषताएँ नगण्य हैं। उनमें अपनी धरती का रस नहीं है। गमले के फूल की तरह इनकी खाद और पौधा सब कुछ विदेशी है, केवल गमला देशी है।

प्रगतिशील कवि इस अराष्ट्रीयता के विपरीत अपने गाँव और जनपद को प्यार करते हैं और उसी प्यार के माध्यम से वे देशप्रेम की व्यंजना करते हैं। पहले

की देशप्रेम सम्बन्धी कविताओं से इनकी यह विशेषता है। पहले की देशभक्ति सामान्योन्मुखी थी तो प्रगतिशील युग की देशभक्ति विशेषोन्मुख है और इसीलिए अधिक ठोस और वास्तविक है; यह विशेष के भीतर से ही सामान्य को प्रकट करती है। प्रगतिशील कविता का यही यथार्थवाद है। नागार्जुन ने अपनी जन्मभूमि 'तरउनी' तथा मिथिला की याद में जो दर्जनों कविताएँ मैथिली और खड़ी बोली में लिखी हैं, उनसे इस राष्ट्रीयता का अनुमान लगाया जा सकता है।

आर्थिक परिस्थितियों के कारण निरन्तर प्रवासी का-सा जीवन बिताने वाले नागार्जुन के हृदय में मिथिला के लिए इतनी हूक उठती है, इसे सहृदय ही अनुभव कर सकते हैं। 'आषाढ़स्य प्रथम दिवसे' कवि को अपनी मिथिला की याद हो आती है और वह सोचता है कि यदि हमारे पास भी बाप-दादों की जमीन होती तो घर छोड़कर रोजी के लिए बाहर न निकलना पड़ता और तब अपनी जन्मभूमि से ऐसा दुःसह विच्छेद भी न होता। कवि कभी-कभी थोड़े समय के लिए अपनी जन्मभूमि के दर्शन के लिए जाता है तब उसे अनुभव होता है कि जैसे बिका हुआ बैल अपने पहले वाले 'बथान' पर आकर उसे सूँघता है और आह भरकर छोड़ता है, उसी तरह मुझे भी यह धरती जल्द ही छोड़नी पड़ेगी! दूर-देश सिंध में पड़े-पड़े वह एक बार तड़पकर गा उठता है—

हो गया हूँ मैं नहीं पाषाण
जिसको डाल दे कोई कहीं भी
करेगा वह कभी कुछ न विरोध
यहाँ भी, सच है, न मैं असहाय
यहाँ भी हैं व्यक्ति औ' समुदाय
किन्तु जीवन भर रहूँ फिर भी प्रवासी ही कहेंगे हाय!
मरूँगा तो चिता पर दो फूल देंगे डाल
समय चलता जाएगा निर्बाध अपनी चाल!

और यह मातृभूमि-प्रेम राष्ट्रीयता तथा अन्तरराष्ट्रीयता का विरोधी नहीं है, इसका प्रत्यक्ष प्रमाण यह है कि प्रगतिशील कवि जिस ममत्व से बंगाल के साथ हाथ मिलाता है, उसी ममत्व से केरल के साथी को भी भेंटता है और उसी स्नेह के साथ नए चीन, सोवियत यूनियन, लैटिन अमेरिका, अफ्रीका तथा अन्य देशों की जनता को छाती से लगाता है।

इस तरह प्रगतिशील कविता ने संसार में सुख-शान्ति ले आने के लिए संसारभर की जनता की आकांक्षाओं के साथ हमारी आकांक्षाओं को जोड़ दिया है। इतने

बड़े कार्य का श्रेय प्रगतिशील कविता को ही है। आत्म-केन्द्रित प्रयोगवादी कविता को इस बात से कोई मतलब नहीं है, उनके लिए उनकी कुंठा इस विश्व-भावना से कहीं बड़ी और महत्त्वपूर्ण है।

प्रगतिशील कवि जानता है कि वास्तविक सुख-शान्ति अभी हमारे जीवन में नहीं आ सकी है; फिर जब वह दुनिया के तिहाई भाग में सुख-शान्ति को वास्तविक रूप धारण करते देखता है और पाता है कि उसके लिए जो भविष्य है, वह कुछ लोगों के लिए वर्तमान बन चुका है तो भविष्य की असम्भाव्यता पर से उसका विश्वास उठ जाता है और मानव-विजय की आशा उसमें नूतन कल्पना-शक्ति का संचार करती है।

इसीलिए प्रयोगवादी कवि जहाँ एकदम रुद्ध-यथार्थवादी है, वहाँ प्रगतिशील कवि यथार्थ की सीमाओं में मुक्त होकर कल्पना की उदात्त सृष्टि करता है। वह सुनहरे सपने भी देखता है। सपना तो प्रयोगवादी कवि भी देखता है, लेकिन उसका दिवा-स्वप्न प्रायः रुग्णता और पलायन के भावों से भरा होता है, जब कि प्रगतिशील कवि का सपना उसे संघर्ष करने की शक्ति देता है—वह स्फूर्तिदायक और वीरत्व-व्यंजक होता है।

प्रगतिशील कविता के बारे में अक्सर यह कहा जाता है कि उसमें कलापक्ष की अवहेलना की जाती है; यदि इसका यह अर्थ है कि प्रगतिशील कवि प्रयोगवादियों की तरह कलापक्ष पर बहुत जोर नहीं देते तो यह ठीक है। बहुत सजाव-सिंगार और पेचीदगी प्रगतिशील कविता में नहीं मिलती। अपनी बात को सुलझाकर उसे कितने सहज ढंग से कह दिया जाए—यही प्रगतिशील कवि का प्रयत्न रहता है। उसके भावों की तरह भाषा भी गाँठ-रहित होती है। प्रगतिशील कवि अपना हर शब्द और हर वाक्य चमत्कारपूर्ण बनाने की चेष्टा नहीं करता। यदि दो-चार शब्द बेकार भी आ जाएँ तो वह उन्हें निकाल देने के लिए बहुत चिन्तित नहीं होता। उसका विश्वास है कि जबर्दस्त भाव भाषा की ढीली-पोली के बावजूद अपने को प्रकाशित करते रहते हैं। इसलिए प्रगतिशील मुक्तछंदों के बन्द प्रयोगवादी कविता की अपेक्षा काफी शिथिल मिलेंगे, लेकिन यही सहजता उनकी शोभा है। प्रयोगवाद की कटी-छँटी नव कविता के मुकाबले प्रगतिशील कविताएँ प्रायः अनपढ़ बेतरतीब उगी हुई घासों और फूलों की वनस्थली प्रतीत होती हैं, लेकिन उनके उस जंगलीपन में भी आकर्षण है।

प्रगतिशील कविता की यह सरलता ही और रचयिताओं के लिए दुःसाध्य है। इसे देखकर सभी सोचते हैं कि इसे लिखने में क्या है, लेकिन लिखने चलते हैं तो आटा-दाल का भाव मालूम हो जाता है। तुलसीदास के शब्दों में—

जिमि मुँह मुकुर, मुकुर निज पानी।
गहि न जाइ अस अद्भुत बानी॥

प्रगतिशील कवि जब व्यंग्य लिखते हैं तो उनकी भाषा का बाँकपन देखने लायक होता। हिन्दी कविता में व्यंग्य-काव्य का जितना सुन्दर विकास प्रगतिवाद में हुआ, उतना कहीं नहीं। नागार्जुन और केदार के नुकीले व्यंग्य कितने प्रभावशाली हैं, इसे जनता के दुश्मन भी जानते हैं। हिन्दी कविता में व्यंग्य या तो निराला ने लिखे या फिर नागार्जुन और केदार ने। नागार्जुन के व्यंग्य का एक नमूना लें। नेता लोग जो अक्सर यह कहते हैं कि हमारे यहाँ भूख या अकाल नहीं है, उस पर यमराज तथा एक मरे हुए मास्टर को बातचीत के द्वारा यहाँ कितना सुन्दर व्यंग्य किया गया है। नरक के मालिक यमराज 'प्रेत का बयान' लेते हुए पूछते हैं कि कैसे मरा तू? जवाब में 'नाचकर लम्बे चमचों-सा पँचगुरा हाथ, रूखी पतली किटकिट की आवाज में' प्रेत अपना पूरा पता बतलाते हुए करेमों की पत्तियाँ खाने की आधी ही कथा कह पाता है कि दंडपाणि महाकाल अविश्वास की हँसी हँसकर कहते हैं—"बड़े अच्छे मास्टर हो! आए हो मुझको भी पढ़ाने!! वाह भाई वाह! तो तुम भूख से नहीं मरे?" इस पर हद से ज्यादा जोर डालकर प्रेत कहता है कि "और और और और भले नाना प्रकार की व्याधियाँ हों भारत में किन्तु—किन्तु भूख या क्षुधा नाम हो जिसका, ऐसी किसी व्याधि का पता नहीं हमको!" और भाप का आवेश निकल जाने के बाद शान्त-स्मित स्वर में फिर कहता है—कि जहाँ तक मेरा अपना सम्बन्ध है, सुनिए महाराज—

तनिक भी पीर नहीं
दुख नहीं, दुविधा नहीं
सरलतापूर्वक निकले थे प्राण
सह न सकी आँत जब पेचिश का हमला...

छंदों के क्षेत्र में प्रगतिशील कवि जान-बूझकर विचित्र धुन निकालने का प्रयोग तो नहीं करते, लेकिन यह निःसन्देह कहा जा सकता है कि प्रगतिशील कवियों ने लोकगीतों की अनेक नई धुनों को कविता में पुनर्जीवित किया। इस दिशा में एकदम नए कवि जैसे केदारनाथ सिंह, रामदरश मिश्र आदि ने काफी सफलता दिखलाई है। नई तर्ज में लिखा हुआ केदारनाथ अग्रवाल का यह सीधा-सादा-सा गीत चुने हुए थोड़े-से शब्दों में मार्मिक प्रभाव छोड़ जाता है—

माँझी न बजाओ वंशी मेरा मन डोलता
मेरा मन डोलता है जैसे जल डोलता

जल का जहाज जैसे हल हल डोलता
माँझी न बजाओ वंशी मेरा प्रन टूटता
मेरा प्रन टूटता है जैसे तृन टूटता
तृन का निवास जैसे बन बन टूटता
माँझी न बजाओ वंशी मेरा तन झूमता
मेरा तन झूमता है तेरा तन झूमता
मेरा तन तेरा तन एक एक बन झूमता।

[5]

प्रगतिवाद के सामाजिक यथार्थवादी दृष्टिकोण के कारण कविता में जितना परिवर्तन हुआ, उतना कहानी-उपन्यास के क्षेत्र में नहीं हुआ। इसका कारण है कि प्रेमचन्द के युग से ही उपन्यास में यथार्थवादी प्रवृत्ति का उदय हो गया था। अपनी कहानियों और उपन्यासों में प्रेमचन्द ने शुरू से ही किसानों और मध्यवर्गीय भद्र पुरुषों का यथार्थ जीवन का चित्रण किया था। प्रेमचन्द के ही समय किस तरह परिस्थितिवश किसान मजदूर बनने के लिए विवश हो गया था, इसे भी उन्होंने 'गोदान' में अच्छी तरह दिखला दिया था। इसीलिए प्रगतिवाद के उदय से अधिक-से-अधिक यही उम्मीद थी कि प्रेमचन्द की परम्परा को और भी अच्छी तरह से आगे बढ़ाने की दृष्टि मिलेगी। प्रेमचन्द ने आरम्भिक युग के सुधारवादी और आदर्शवादी विचारों से किस तरह क्रमशः छुटकारा पाया और अन्त तक आते-आते उनका दृष्टिकोण कितना स्पष्ट हो गया था, इसे 'प्रेमाश्रम' और 'गोदान' की तुलना से अच्छी तरह समझा जा सकता था। वास्तविकता के विषय में उनकी समझ कितनी गहरी हो गई थी, इसका पता केवल एक उदाहरण से चल सकता है।

'प्रेमाश्रम' के बलराज और मनोहर जैसे किसानों को उन्होंने बहुत अधिक विद्रोही दिखाया था, लेकिन होरी को उन्होंने सन्तोष, धैर्य, सहनशीलता तथा अन्धविश्वास का पुंज दिखलाया, जो भारतीय किसानों की जाती विशेषता है। यदि किसान-आन्दोलन की ओर ध्यान दें तो 'प्रेमाश्रम' के सत्रह-अठारह वर्षों के बाद लिखे हुए 'गोदान' में किसान को अधिक विद्रोही दिखाना चाहिए था, लेकिन वास्तविकता यह थी कि तमाम आन्दोलनों के बावजूद भारतीय किसान काफी सन्तोषी, भाग्यवादी और धैर्यवान रहा है। अपने अनुभवों से प्रेमचन्द ने इस तथ्य को अन्त में समझा और होरी के रूप में उन्होंने ऐसे ही किसान का चित्रण किया जो तमाम किसानों का प्रतिनिधि हो सका।

इसके साथ ही उनकी सूक्ष्म दृष्टि से यह बात न छूट सकी कि इन वर्षों में किसान के शोषण के ढंग अधिक बारीक हो गए थे। इसी बीच जमींदार तथा दूसरे शोषक अधिक सतर्क हो गए थे। यथार्थदर्शी प्रेमचन्द ने बहुत खूबी से प्रच्छन्न रूप में होरी के शोषित होने का चित्रण किया है।

तब से भारतीय किसान के जीवन में अनेक प्रकार के परिवर्तन हुए हैं, उसे शोषित करने के तरीके बदल गए हैं—शोषकों में भी तर और तम सम्बन्धी अन्तर आ गया है। दूसरी ओर किसान में अपेक्षाकृत असन्तोष की उत्तरोत्तर वृद्धि हुई है। इस परिवर्तित और जटिल वास्तविकता को समझने के लिए वैज्ञानिक दृष्टि की जरूरत है और प्रगतिशील जीवन-दृष्टि से निःसन्देह इस विषय में लेखकों की सहायता की। नागार्जुन के 'बलचनमा', 'नई पौध', 'बाबा बटेसरनाथ' और भैरवप्रसाद गुप्त के 'गंगा मैया' जैसे उपन्यासों में किसानों की ऐसी ही जिन्दगी का वास्तविक चित्रण किया गया है। नागार्जुन ने एक ओर मिथिला के संघर्षरत किसानों को मूर्तिमान किया है और भैरव ने बलिया के विद्रोही किसानों को प्रेमचन्द के बाद किसानों की जिन्दगी का सफल चित्रण करने वाले ये अकेले प्रगतिशील लेखक हैं।

मजदूरों की जिन्दगी पर छोटी-छोटी कहानियाँ तो इस बीच बहुत-सी लिखी गईं, लेकिन उपन्यास देखने में कोई नहीं आया। इसका कारण सम्भवतः यही है कि अब भी भारत कृषि-प्रधान देश है।

प्रगतिवाद के युग में कथा-साहित्य का अधिकांश मध्यवर्ग को लेकर लिखा गया। यशपाल, अश्क, अमृतलाल नागर, विष्णु प्रभाकर, अमृतराय, रांगेय राघव, राधाकृष्ण वगैरह ने मध्यवर्गीय जीवन से ही अपने पात्र चुने और हर तरह के पात्र चुने। अश्क की 'गिरती दीवारें' और 'गर्म राख', यशपाल के 'देशद्रोही' और 'मनुष्य के रूप', अमृतलाल नागर के 'सेठ बाँकेमल', रांगेय राघव का 'घरौंदे', अमृत का 'बीज', विष्णु का 'ढलती रात' आदि उपन्यासों के नायक तथा इतर पात्र प्रायः मध्यवर्ग के हैं।

सन् पैंतीस के बाद मध्यवर्ग के जीवन में काफी परिवर्तन हुआ और इन लेखकों ने इसका यथार्थ चित्रण करने का प्रयत्न किया। सब समय इन्हें सफलता मिल ही गई हो, यह कहना कठिन है। अकसर ऐसा हुआ है कि इनके नायक निःस्वत्त्व हो गए हैं और ओछे ढंग के रोमांस में डूब चले हैं। कभी-कभी नायक को वस्तुस्थिति से अधिक आगे और विद्रोही दिखाने की चेष्टा की गई है। इन सबके बावजूद यह कहा जा सकता है कि कुछ व्यक्तिवादी और सेक्सवादी लेखकों को छोड़कर इस युग के अधिकांश उपन्यासकारों और कहानीकारों ने भरसक मध्यवर्ग की यथार्थ कमजोरियों को चित्रित करने की कोशिश की है।

कथाकारों को प्रगतिवादी दृष्टिकोण ने सामाजिक यथार्थवाद के दो खतरों से बचाने का प्रयत्न किया है। एक खतरा तो मनोविश्लेषणवाद की ओर से है, जिसमें या तो शेखर और भुवन जैसे सर्वथा अहंवादी और असाधारण पात्रों की सृष्टि की जाती है अथवा इलाचन्द्र जोशी के सेक्सग्रस्त अद्‌भुत नायकों का निर्माण होता है। इन दोनों प्रकार की असाधारणताओं से उबार कर प्रगतिवाद ने साधारण पात्रों के निर्माण का गुर बताया।

इसके विपरीत इस विचार-प्रचार-प्रधान कुछ लेखकों ने व्यक्तित्वहीन सर्वथा निर्जीव पात्रों के सहारे अपने उद्‌देश्य की पूर्ति के लिए बहस-मुबाहिसे से भरा हुआ उपन्यास लिखा। प्रगतिवाद को भी इस सोद्‌देश्यता का विस्तार कहा जा सकता है, लेकिन धीरे-धीरे यह गलती दूर कर ली गई।

प्रगतिवादी दृष्टिकोण के प्रभाव से कुछ उपन्यासकारों का ध्यान ऐतिहासिक कथानकों की ओर गया और इस दिशा में यशपाल की 'दिव्या' तथा राहुल जी के 'वोल्गा से गंगा', 'सिंह सेनापति', 'जय यौधेय' आदि श्रेष्ठ प्रयत्न हुए। अतीत की विकासोन्मुखी शक्तियों को पहचानकर और उन्हें उपन्यास के सजीव पात्रों के रूप में मूर्तिमान करके इन ऐतिहासिक उपन्यासकारों ने वर्तमान युग के मुक्तिकामी जन-समुदाय को शक्ति और स्फूर्ति दी।

इस क्षेत्र में अपने-अपने ढंग से जो अन्य लेखकों ने काम किया, उसमें 'झाँसी की रानी' के लेखक वृन्दावनलाल वर्मा, 'बाणभट्ट की आत्मकथा' के लेखक हजारीप्रसाद द्विवेदी और 'बहती गंगा' के लेखक शिवप्रसाद मिश्र 'रुद्र' का स्थान महत्त्वपूर्ण है।

इस युग में प्रगतिवादी विवेक जिस बद्धमूल संस्कार के विरुद्ध आरम्भ से ही संघर्ष होता रहा और फिर भी उसे यथोचित सफलता नहीं मिल सकी, वह है उपन्यासकारों की नारी-सम्बन्धी बुर्जुवा-संस्कार। राहुल, यशपाल और अश्क जैसे जागरूक तथा प्रगतिशील उपन्यासकार भी अपनी सेक्स सम्बन्धी कमजोरी से मुक्त न हो सके। इनमें से यशपाल में यह विकृति सबसे अधिक है। अश्क के 'गर्म राख' उपन्यास से लगता है कि लेखक 'गिरती दीवार' के मलबे से निकलने की कोशिश कर रहा है, फिर वह अश्लील यौन प्रसंग की योजना से न बच सका। राहुल जी इन दोनों लेखकों से अपेक्षाकृत संयत हैं, लेकिन उनमें दिन-पर-दिन यह कमजोरी बढ़ती जा रही है, जैसा कि उनके नवीनतम उपन्यास 'मधुर स्वप्न' से विदित होता है।

वस्तुत: इस विषय में हमारे वर्तमान मध्यवर्गीय समाज की परिस्थिति इतनी भयंकर है कि जब तक कोई व्यापक जन-जागरण नहीं होता, इस यौन-विकृति से जल्दी निस्तार मिलना कठिन है।

इतना होते हुए भी इसी युग में दूसरे अनेक लेखक.ऐसे हैं जिन्होंने नारी का अपेक्षाकृत अधिक यथार्थ चित्रण किया है। नागार्जुन की 'रतिनाथ की चाची' इस दिशा में सफल प्रयत्न है। वृन्दावनलाल वर्मा, हजारीप्रसाद द्विवेदी और विष्णु प्रभाकर के नारी-पात्र अधिक स्वस्थ, संयत तथा शक्तिशाली हैं।

कुल मिलाकर कथा-साहित्य के क्षेत्र में प्रगतिवाद कविता की अपेक्षा अधिक व्यापक और सफल हुआ, निस्सन्देह कहा जा सकता है।

[6]

कविता, कहानी, उपन्यास इत्यादि के क्षेत्र में प्रगतिशील लेखकों ने जिस सामाजिक यथार्थवादी दृष्टि से रचना-कार्य किया, उसे आलोचना के क्षेत्र में एक सुनिश्चित ऐतिहासिक, सामाजिक साहित्य-सिद्धान्त का रूप दिया गया। छायावादी और प्रयोगवादी दृष्टियों ने भी आलोचना के क्षेत्र में कुछ छिट-पुट विचार रखे हैं, लेकिन उन्होंने साहित्य-सम्बन्धी अपने विचारों को सुव्यवस्थित सिद्धान्त का रूप नहीं दिया। इसके विपरीत प्रगतिवाद ने आलोचना के मान स्थिर किए उसके अनुसार सामान्यतः समूची साहित्य-परम्परा का और विशेष रूप से अपने समकालीन साहित्य का भी मूल्यांकन किया। इस तरह प्रगतिवाद ने सैद्धान्तिक और व्यावहारिक समीक्षा के द्वारा साहित्य को बदलने और विकसित करने में नेतृत्व किया।

प्रगतिवाद से पूर्व हिन्दी आलोचकों में मुख्यतः तुलना और व्याख्या का कार्य हो रहा था। आलोचक प्रायः साहित्यिक कृतियों की यथाशक्ति व्याख्या करके उसमें निहित सौन्दर्य का उद्‌घाटन करते थे। आचार्य शुक्ल की गूढ़ दृष्टि ने व्याख्या के इस कार्य में अद्‌भुत क्षमता का परिचय दिया। उन्होंने अपने सजग सौन्दर्य-बोध और गहरी रस ग्राहिणी शक्ति के द्वारा लेखकों और साधकों के मन में उच्चकोटि के साहित्य-संस्कार अथवा रुचि का बीज वपन किया। उनके प्रयत्न से लोगों के मन में चमत्कार और वास्तविक रस में अन्तर करके साहित्य को परखने की क्षमता पाई।

लेकिन आचार्य शुक्ल ने इससे भी आगे बढ़कर एक और काम किया। उन्होंने अपने सौन्दर्य-बोध तथा रसानुभूति को शुद्ध आनन्द की स्थिति से ऊपर उठाकर लोक-मंगल की उदात्त सामाजिक पृष्ठभूमि पर प्रतिष्ठित किया। उनका विचार था साहित्य केवल आनन्द देने की वस्तु नहीं है, बल्कि उसे लोक-मंगल के लिए प्रयत्न भी करना चाहिए। इसी दृष्टि से उन्होंने तुलसीदास के साहित्य को सूरदास की रचना से श्रेष्ठ ठहराया, क्योंकि उनके विचार से तुलसी में सूर की अपेक्षा लोक-मंगल की

भावना अधिक थी। शुद्ध आनन्द वाले साहित्य को वे 'लोकमंगल की सिद्धावस्था' कहते थे और सामाजिक कल्याण वाले साहित्य को 'लोकमंगल की साधनावस्था'।

अपनी इस स्थापना के द्वारा शुक्ल जी ने समीक्षा को निष्क्रिय व्याख्या से आगे बढ़कर सक्रिय परिवर्तनकारी सामाजिक शस्त्र के रूप में प्रतिष्ठित किया।

आवश्यकता इस कार्य को आगे बढ़ाने की थी और प्रगतिवाद ने आगे बढ़कर शुक्ल जी की इस विरासत को यथोचित रूप देने का उत्तरदायित्व अपने कन्धों पर लिया।

प्रगतिशील आलोचकों ने अनुभव किया कि ऐसे समय जब कि सामाजिक संकट गहरा हो गया हो और देश के बहुसंख्यक लोगों का जीवन इतना विषाक्त कर दिया गया हो, साहित्य के ब्रह्मानन्द की चर्चा करना, साहित्य में शुद्ध आनन्द लेने का उपदेश देना उनका अपमान करना है। इसलिए प्रगतिशील लेखकों ने आवाज लगाई कि साहित्य का मुख्य उद्देश्य है, जनता को संघर्ष के लिए शक्ति देना तथा उस संघर्ष में विजय प्राप्त करके मुक्त होने के लिए मार्ग दिखाना।

यहाँ ध्यान देने योग्य तथ्य है कि शुक्ल जी के 'लोक-मंगल' में जो 'लोक' था, वह अब प्रगतिवाद में आकर 'जनता' हो गया। यह परिवर्तन परिस्थितियों के अनुरूप ही था। वर्ग-भावना अब अधिक स्पष्ट हो गई थी और ऐसे समय 'लोक-मंगल' को कुछ और स्पष्ट करने की आवश्यकता थी। प्रगतिवाद ने अपने नाम के साथ ही यह संकेत कर दिया कि साहित्य प्रतिगामी अथवा प्रतिक्रियावादी भी होता है। 'प्रगतिशील शब्द सापेक्ष अर्थ का बोधक है। कोई भी घटना-प्रवाह किसी की तुलना ही में प्रगतिशील होगा।'

इस तरह प्रगतिवाद ने अपना ध्यान साहित्य में प्रतिक्रियावादी और प्रगतिशील तत्त्वों में भेद करने की ओर दिया, क्योंकि समाज और साहित्य को प्रगति के लिए प्रतिक्रियावादी तत्त्वों की आलोचना करना और उन्हें मिटाना साहित्यकार का कर्तव्य है। इस दृष्टि से प्रगतिवाद ने सम्पूर्ण साहित्य-परम्परा और फिर समकालीन साहित्य का विश्लेषण किया।

लेकिन यह उद्देश्य जितना महान् है, उसकी पूर्ति उतनी ही कठिन है। सही ऐतिहासिक सूझ के बिना इसमें अनेक गलतियाँ हो सकती हैं और प्रगतिशील समीक्षा से भी ऐसी गलतियाँ हुईं, फिर भी औरों की तरह प्रगतिवादी लेखकों ने भी अपनी गलतियों से ही सीख ली। आरम्भ में प्राचीन प्रतिक्रियावादी रूढ़ियों के साथ उन्होंने समस्त प्राचीन परम्परा को ही प्रतिक्रिया सिद्ध कर दिया; शुरू-शुरू में रूढ़ि और परम्परा का अन्तर न सूझा। उन्होंने धार्मिक आचरण में व्यक्त होने वाले पूरे भक्तिकाव्य को उठा फेंका—उसमें छिपी हुई ऐतिहासिक विषयवस्तु अथवा

जनवादी भाव-धारा उन्हें न दिखी। इसी तरह छायावादी कविता की पलायन भावना का विरोध करते-करते वे समूचे छायावाद की आलोचना करने पर उतारू हो गए।

किन्तु पीछे तुलसी-साहित्य और छायावाद पर स्वस्थ प्रगतिशील समीक्षाएँ लिखकर प्रगतिवादी आलोचकों ने प्रमाणित कर दिया कि सही ऐतिहासिक दृष्टि परम्परा का कितना सही मूल्यांकन कर सकती है। इस दृष्टि से रामविलास शर्मा के तुलसीदास और निराला-पंत सम्बन्धी निबन्ध माननीय हैं; त्रुटियाँ इन निबन्धों में भी हो सकती हैं, लेकिन इनसे नई दिशा में सोचने की प्रेरणा मिलती है।

परम्परा का मूल्यांकन इतना कठिन कार्य है कि एक व्यक्ति अथवा युग या विचारधारा द्वारा उसका अन्तिम निर्णय हो सकना असम्भव है। इस विषय में शुक्ल जी जैसे समर्थ समीक्षक से भी भूलें हुई हैं। फिर भी इस दिशा में प्रगतिवादी समीक्षा-प्रणाली ने जो सबसे महत्त्वपूर्ण कार्य किया, वह यह है कि परम्परा के प्रतिगामी तत्त्वों को अलगाकर उनमें अविच्छिन्न रूप से प्रवाहित और विकसित होनेवाले प्रगतिशील तथा जीवन्त तत्त्वों को उभारकर सामने रखा। उन्होंने यह प्रमाणित किया कि साहित्य की प्रगतिशील परम्परा जनवाद की परम्परा है—इसकी मुख्य प्रेरक शक्ति जनता है, जो पुरोहितों, महन्तों, राजाओं, नवाबों, बदमाशों, सेठों और साहूकारों के अत्याचार झेलती हुई भी जातीय प्राणशक्ति को निरन्तर जीवनदान देती हुई आगे बढ़ी चली आ रही है।

परम्परा के ऐसे मूल्यांकन से वर्तमान परिस्थितियों में जनता तथा जनता के लेखकों को कितनी शक्ति प्राप्त है, इसका सहज ही अनुमान लगाया जा सकता है।

इसी दृष्टि से समालोचना करके प्रगतिशील लेखकों ने अपने समकालीन साहित्य में भी फैले हुए आध्यात्मिक कुहासे, कुंठावादी गानों और यौनकर्दम को साफ करने में कितना बड़ा कार्य किया—यह किसी से छिपा नहीं है। यदि प्रगतिवादी समीक्षा-प्रणाली न होती तो ये अस्वस्थ साहित्यिक प्रवृत्तियाँ साहित्य के विकास में कितनी बाधा पहुँचाती, कहना कठिन है। यह तो प्रगतिवाद के विरोधी भी मानते हैं कि प्रगतिशील आलोचकों ने साहित्य से स्वस्थ सामाजिक रुचि का संस्कार पैदा किया है और निर्माण कितना महत्त्वपूर्ण कार्य है, इसे सभी जानते हैं।

समीक्षा के क्षेत्र में प्रगतिवाद की दूसरी महत्त्वपूर्ण देन यह है कि समीक्षा की मौलिक समस्या यह नहीं है कि कौन रचना कितनी सुन्दर है; मौलिक समस्या यह है कि रचना में वह सौन्दर्य शक्ति आती कहाँ से है? जब तक हम इस समस्या का उत्तर नहीं देते तब तक हम रचनात्मक समीक्षा करते ही नहीं। इसके बिना समीक्षा निष्क्रिय है।

इस प्रश्न के उत्तर में भाववादी विचारक यह कहकर बरी हो जाते हैं कि रचना में सौन्दर्य रचयिता की अपनी प्रतिभा से आता है और यह प्रतिभा लेखक की

एकदम अपनी चीज है अथवा ईश्वर-प्रदत्त है, यह पूर्व-जन्म के पुण्य का फल है या पैतृक उत्तराधिकार है।

हम यह सब मानकर चुप हो जाते हैं, लेकिन जब सुमित्रानन्दन पंत, जैनेन्द्र कुमार, निराला जैसे प्रतिभा सम्पन्न लेखकों को आज पहले से निकृष्ट लिखते हुए देखते हैं तो जानना चाहते हैं कि वह ईश्वर-प्रदत्त प्रतिभा कहाँ गई! होना तो यह चाहिए था कि अनुभव और वय के अनुसार उनकी रचनाओं में प्रौढ़ता आती, लेकिन यहाँ तो क्रमशः ह्रास हो रहा है। यदि वह शक्ति लेखक के भीतर से ही आती है तो अब क्यों नहीं आती?

इसी सवाल का जवाब केवल प्रगतिशील समीक्षा दे सकती है और देती है। उसका कहना है कि लेखक में शक्ति जनता से आती है। जनता के साथ उसका सम्बन्ध जितना ही घनिष्ठ होता है, उसमें उतनी ही अधिक रचनाशक्ति आती है और उसकी रचना में उतना ही अधिक सौन्दर्य बढ़ता है। इसके विपरीत ज्यों ही लेखक अपने उस अक्षय स्त्रोत से हट जाता है, उसकी सारी शक्ति जवाब दे जाती है। हिरण्यकश्यप की तरह उसकी मृत्यु तभी होती है जब उसका पाँव धरती से उठ जाता है।

इस सिद्धान्त की व्याख्या करते हुए प्रगतिशील समीक्षा यह भी निष्कर्ष निकालती है कि श्रेष्ठ रचना करने के लिए साहित्यकार को अनिवार्य रूप से जनता का पक्षधर होना ही पड़ेगा। जो लोग यह प्रचारित करते हैं कि साहित्यकार सभी वर्गों से ऊपर होता है, वह निष्पक्ष होता है और श्रेष्ठ साहित्य-रचना के लिए वर्गहितों से ऊपर उठना जरूरी है। उनकी धारणाओं का प्रगतिवाद सप्रमाण खंडन करता है। वाल्मीकि, व्यास, तुलसी, प्रेमचन्द के उदाहरणों से स्पष्ट है कि ये श्रेष्ठ साहित्यकार तमाम वर्गों से ऊपर और निष्पक्ष नहीं थे। इन सभी साहित्यकारों ने पीड़ित, दलित और सताए हुए का पक्ष लिया था और इसी तरफदारी के कारण उनमें उच्चकोटि की मानवतावादी भावनाएँ थीं जबकि समाज में स्वार्थों का संघर्ष हो तो मानवता दलित लोगों के पक्ष में होती है, तटस्थता में नहीं होती।

लेकिन इस स्थापना में कभी-कभी अपवाद भी प्रतीत होता है। जैसे तुलसीदास ने अपनी 'रामायण' में शूद्रों का विरोध किया है, फिर भी उन्होंने इतनी श्रेष्ठ कृति की रचना कर दी। यह कैसे सम्भव हुआ? परन्तु ऐसा कहने वाले भूल जाते हैं कि तुलसीदास ने उसी 'रामायण' में गुह, निषाद, शबरी इत्यादि को स्वयं राम द्वारा स्नेह और सम्मान दिलाया है। इससे पता चलता है कि महाकवि के हृदय में नीचे कही जानेवाली जातियों के प्रति घृणा का भाव नहीं था; घृणा का भाव उनकी नीचता के प्रति था और यह नीचता उन्हें यदि गुरु का अपमान करने वाले 'उग्र बुद्धि उर दम्भ बिसाला' ब्राह्मण-कुमार में भी दिखाई पड़ी तो वे सहन न कर सके। वस्तुतः

उन्होंने नीच कहे जाने वाले लोगों में भक्ति की संजीवनी भरकर उन्हें अमर कर दिया, साथ ही ऊँचे आसन पर ला बिठाया।

तात्पर्य यह है कि महान लेखकों ने वस्तुतः जनता से घृणा कभी नहीं की। जनता से घृणा करके आज तक कोई महान् लेखक नहीं हो सका है। यदि कोई महान् लेखक अपने वर्गगत संस्कारों के कारण कभी इस तरह के विचार प्रकट भी करता है, तो भीतर से उसका मानवतावादी विवेक उसके संस्कारों के विरुद्ध दलितों और शोषितों का वास्तविक चित्रण कर जाता है।

और यहीं प्रगतिशील समीक्षा एक और स्थापना करती है। वह यह है कि रचना में सौन्दर्य वास्तविकता के अधिक-से-अधिक चित्रण से आता है। अपने दृष्टिकोण-विशेष के बावजूद महान् लेखक अपनी व्यापक मानवीय सहानुभूति के द्वारा वास्तविकता के विविध स्तरों का व्यापक परिचय प्राप्त कर लेते हैं और उनके चित्रण से रचना महान् हो उठती है। व्यापक सामाजिक सम्पर्क और अनुभव से लेखक की रचना में रसोद्रेक की अधिकाधिक क्षमता आती है। इसीलिए प्रगतिवाद साहित्य में यथार्थवाद को सर्वोपरि स्थान देता है। प्रगतिवाद की मान्यता है कि मन भर कल्पना से छटाँक भर वास्तविकता अधिक समर्थ और मूल्यवान् है। निःसन्देह कल्पना में भी बहुत शक्ति होती है, लेकिन उसकी शक्ति का आधार वास्तविकता है। कालिदास के 'मेघदूत' में पंत को 'बादल' से जो अधिक स्थायी रसानुभूति है, वह इसीलिए कि उसमें वास्तविकता अधिक है और इसमें कल्पना। इसी वास्तविकता की व्यापकता तथा गहराई के 'महाभारत' भारतीय का सर्वश्रेष्ठ काव्य माना जाता है।

लेखक में वास्तविकता का यह बोध अपनी सामयिक समस्याओं में भाग लेने से आता है। इसलिए प्रगतिवाद की दूसरी स्थापना यह है कि सामयिकता के माध्यम से ही शाश्वत् साहित्य की रचना की जा सकती है। अपने समय की समस्याओं से अलग रहकर अथवा भागकर कोई शाश्वत् साहित्य की रचना नहीं कर सकता। अब यह आगे की बात है कि लेखक अपने युग की सामयिक वास्तविकता का चित्रण किस प्रकार करता है? स्वाभाविक है कि जो बिना समझे-बूझे सेठ गोविन्ददास के 'इन्दुमती' उपन्यास की तरह घटनाओं का लेखा-जोखा कर डालेगा तो निकृष्ट रचना करेगा और जो समझ-बूझकर संलग्न बुद्धि से सूक्ष्म मानवीय सम्बन्धों और रागात्मक स्थितियों का चित्रण करेगा, वह श्रेष्ठ कृति देगा। बहते हुए कणों में जो शक्ति के प्रवाह को पकड़ेगा, वह शक्तिशाली तथा शाश्वत् महत्त्व की रचना करेगा और जो केवल उसके कण गिनकर बटोरता रहेगा, वह साहित्य का केवल भार बढ़ाएगा।

इस तरह प्रगतिशील ने साहित्य की परख के मान को ऐतिहासिक आधार दिया। जहाँ अपनी-अपनी रुचि तथा समझ के अनुसार कविता की अच्छाई-बुराई,

श्रेष्ठता-निकृष्टता का निर्णय होता था (और जो कि प्रायः नहीं हो पाता था) वहाँ प्रगतिवाद ने सबसे पहले किसी रचना के ऐतिहासिक महत्त्व को जाँचने का सुझाव दिया। प्रगतिवाद के अनुसार व्यक्ति-निष्ठा (सब्जेक्टिव) ढंग से किसी रचना का मूल्यांकन कठिन ही नहीं भ्रामक भी है। रचना को उसकी ठोस सामाजिक पीठिका में रखकर देखना चाहिए कि वह समाज के विकास में कितना योग देती है? इस सिद्धान्त के अनुसार किसी रचना की श्रेष्ठता और निकृष्टता इस बात पर निर्भर है कि वह विकासोन्मुख है अथवा ह्रासोन्मुख? प्रगतिवाद ने समीक्षा के नितान्त शुद्ध साहित्यिक मानदंड का विरोध कर स्वस्थ सामाजिक मानदंड की प्रतिष्ठा की। प्रगतिवाद के अनुसार, वह तथाकथित 'शुद्ध साहित्यिक मानदंड' भी सर्वथा समाज-निरपेक्ष नहीं है, बल्कि वह वस्तुतः समाज की ह्रासोन्मुखी प्रवृत्तियों की छाया है। इस 'शुद्ध साहित्यिक मानदंड' को कुछ लोगों ने शाश्वतता का गौरव दे रखा है। इस काल्पनिक 'शाश्वतता' का खंडन करते हुए प्रगतिवाद ने स्थापित किया कि किसी रचना का शाश्वत् मूल्य उसके ऐतिहासिक मूल्य में ही निहित है और ऐसे ही ऐतिहासिक मूल्यों से समीक्षा के क्षेत्र में एक परम्परा बनती है, जिसके आधार पर प्राचीन से लेकर आधुनिक साहित्य का तुलनात्मक मूल्यांकन किया जा सकता है। इस तरह प्रगतिवाद ने समीक्षा की व्यक्तिनिष्ठा, भाववादी पूर्वग्रह तथा जड़ता से मुक्त करके उसके स्थान पर स्वस्थ, वैज्ञानिक, बोधगम्य, वस्तुनिष्ठ और जनकल्याणकारी 'ऐतिहासिक समीक्षा-पद्धति' की प्रतिष्ठा की।

समालोचना के क्षेत्र में प्रगतिवाद की ये कुछ मौलिक और मुख्य स्थापनाएँ हैं। इनसे एक हद तक इस युग के प्रायः सभी आलोचक और लेखक प्रभावित हुए हैं। जनता के साथ, वास्तविकता के साथ जिस आलोचक का जैसा सम्बन्ध है, उसी के अनुसार ये स्थापनाएँ उसके व्यवहार में आ सकी हैं। इस दृष्टि से कहा जा सकता है कि प्रगतिवादी समीक्षा-प्रणाली की परम्परा अभी बन रही है और उम्मीद है कि निरन्तर आलोचना-प्रत्यालोचना से इसके सिद्धान्त और प्रयोग में वैज्ञानिकता आती जाएगी।

[7]

कविता, कहानी, उपन्यास और आलोचना में प्रगतिवाद की जिस प्रकार अभिव्यंजना हुई, उसे देखते हुए अनेक त्रुटियों के बावजूद यह कहा जा सकता है कि छायावाद-युग के बाद की यह प्रमुख और प्रगतिशील साहित्य-धारा है। इसकी अन्य साहित्यिक प्रवृत्तियों की तुलना में कुछ लोगों को इसमें अधिक कचाई, अनगढ़ता तथा कम

स्थायित्व प्रतीत हो सकता है। किन्तु ऐतिहासिक दृष्टिवाले विचारक जानते हैं कि आज जो अधिक टिकाऊ किन्तु ह्रासोन्मुख दिखाई पड़ रहा है, उसकी अपेक्षा उसका महत्त्व कहीं अधिक है जो आज कम टिकाऊ, किन्तु विकासोन्मुख है। इस दृष्टि से देखने पर प्राणशक्ति और भविष्य की सम्भावना प्रगतिशील साहित्य में सबसे अधिक है।

छायावादी कविता, प्रेमचन्द का साहित्य और शुक्ल जी की आलोचना के मुकाबले आज के प्रगतिशील साहित्य को रखकर सिर धुनना बुद्धिमानी नहीं है। अतीत सुन्दर है, लेकिन लौटाया नहीं जा सकता। भक्तिकाव्य की तुलना में छायावादी काव्य भी तो थोड़ा नीचे पड़ता है और कालिदास के मुकाबले भक्तिकाव्य भी तो कम तुलता है, लेकिन इसे देखकर कोई विलाप नहीं करता। श्रेष्ठ साहित्यकार रोज नहीं पैदा होते और न श्रेष्ठ कृतियाँ हर क्षण लिखी जाती हैं। वे सम्पूर्ण ऐतिहासिक विकास का परिणाम होती हैं। उनके पीछे जातीय उत्थान की शक्ति होती है। इधर प्रगतिवाद जिस जन-जागरण के परिणामस्वरूप उत्पन्न हुआ, अभी वह जन-जागरण ही विकास के मार्ग में है और अभी वह परिणति को प्राप्त नहीं कर सका। ऐसी दशा में हम शाश्वत् साहित्य के अभाव में बालकों की तरह आँसू बहाना छोड़कर यदि दृढ़ता के साथ जनता के प्रति और अपने प्रति उत्तरदायित्व पूरा करते चलें तो अधिक रचनात्मक कार्य कर सकेंगे।

प्रगतिवाद के विषय में आज के युगद्रष्टा समीक्षक आचार्य हजारीप्रसाद द्विवेदी का यह कथन केवल भविष्य की सम्भावना की ओर ही नहीं, बल्कि वस्तुस्थिति से जो सम्भावना प्रकट होती है उसकी ओर भी संकेत करता है—"प्रगतिशील आन्दोलन बहुत महान् उद्देश्य से चालित है। इसमें साम्प्रदायिक भाव का प्रवेश नहीं हुआ तो इसकी सम्भावनाएँ अत्यधिक हैं। भक्ति आन्दोलन के समय जिस प्रकार एक अदम्य दृश्य आदर्श-निष्ठा दिखाई पड़ी थी, जो समाज को नए जीवन-दर्शन से चालित करने का संकल्प वहन करने के कारण अप्रतिरोध्य शक्ति के रूप में प्रकट हुई थी, उसी प्रकार यह आन्दोलन भी हो सकता है।"

प्रयोगवाद

[1]

हिन्दी-कविता के पाठकों में 'प्रयोगवाद' की चर्चा 'तार सप्तक' कविता-संग्रह ('43 ई.) से शुरू हुई; 'प्रतीक' पत्रिका (जुलाई, 47-52 ई.) से उसे बल मिला और 'दूसरा सप्तक' कविता-संग्रह ('51 ई.) से उसकी स्थापना हुई। इसका मतलब यह नहीं है कि इस सबमें जितनी कविताएँ छपीं, सभी प्रयोगवाद हैं। कविताएँ तो 'प्रतीक' में मैथिलीशरण गुप्त, सुमित्रानन्दन पंत और नवीन से लेकर नागार्जुन, त्रिलोचन आदि तक की छपी और सप्तकों में भी रामविलास शर्मा तथा भवानी प्रसाद मिश्र को रखा गया है, लेकिन प्रयोगवाद सम्बन्धी जो औसत धारणा बनी है, वह इन सबके बावजूद केवल अज्ञेय, गिरिजाकुमार माथुर, प्रभाकर माचवे, मुक्तिबोध, नेमिचन्द्र, भारत भूषण, शमशेर, रघुवीर सहाय, धर्मवीर भारती, नरेश मेहता आदि की रचनाओं के आधार पर।

प्रयोगवाद का एक दूसरा पहलू बिहार के नलिनविलोचन, केशरी और नरेश के 'नकेनवादी' प्रपद्यों द्वारा आया, जो अपनी समझ से अज्ञेय के और प्रयोगवाद का विरोध करते हुए भी वस्तुतः उसी की एक शाखा है।

'प्रयोगवाद' नाम चलने के कारण 'तार सप्तक' के सम्पादकीय तथा कुछ अन्य वक्तव्य हैं। इस संज्ञा के बीच वही हैं। उनमें 'प्रयोग' और 'प्रयोगशीलता' को साफ शब्दों में अपनी विशेषता कहा गया है। मालूम होता है, पाठकों ने इस कविता के 'प्रयोग-प्रयोग' के लटके को पकड़ लिया और उनकी कविताओं को 'प्रयोगवाद' नाम दे दिया। यह 'प्रयोग' शब्द अंग्रेजी कविता में प्रचलित 'एक्सपेरिमेंट' के ही वजन पर हिन्दी में चला था, लेकिन हिन्दी में जो 'प्रयोगवाद' चल पड़ा, उसके लिए अंग्रेजी में 'एक्सपेरिमेंटलिज्म' नामक कोई वाद नहीं है। जिस तरह हिन्दी की रोमैंटिक कविताओं के लिए अंग्रेजी 'रोमैंटिसिज्म' का ठीक-ठीक अनुवाद न करके स्वतंत्र रूप से 'छायावाद' संज्ञा दी गई, उसी तरह कविता में होनेवाले नए प्रयत्नों को

'प्रयोगवाद' नाम दे दिया गया। नामकरण प्रायः इसी तरह औचित्य-अनौचित्य का ध्यान रखे बिना ही हो जाता है। इसलिए 'प्रयोगवाद' नाम की सार्थकता-निरर्थकता को लेकर बहस करना बेकार है। 'प्रयोगवाद' नाम निरर्थक और अपर्याप्त होते हुए भी हिन्दी-साहित्य के इतिहास में अब स्थापित तथ्य है। इससे अब एक निश्चित काव्य-प्रवृत्ति का बोध होता है; प्रचलन से इसमें पर्याप्त अर्थवत्ता आ गई है।

'प्रयोगवाद' नाम के साथ जुड़े इस लोक-प्रचलित अर्थ से बचने के लिए प्रयोगवादी कवियों ने अब इस नाम को छोड़ देने का नारा दिया है। इस बारे में उनका कहना है कि "प्रयोग तो सभी काल के कवियों ने किए हैं, इसलिए हमें 'प्रयोगवादी' कहना उतना ही सार्थक या निरर्थक है, जितना 'कवितावादी' कहना।"

हिन्दी कविता के पाठक जानते हैं कि छायावादी कवियों ने भी आत्मरक्षा के लिए वेद में भी 'छायावाद' को ढूँढ़ निकाला और सिद्ध किया कि छायावाद का जन्म तो कविता के साथ ही हुआ है। वस्तुतः हर युग का बुद्धिजीवी अपने युग के सत्य को युग-युग के सनातन और शाश्वत् सत्य के रूप में प्रतिष्ठित करना चाहता है और इसी सामान्यीकरण में उसकी बौद्धिकता निहित है।

इधर प्रयोगवादी कविताओं के लिए 'नई कविता' का नाम प्रचारित किया जा रहा है। लेकिन 'नया' विशेषण से नवजीवन की जिस ताजगी का बोध होता है, वह इन कविताओं में नहीं है। इनका नयापन केवल पूर्ववर्ती कविताओं से 'भिन्नता' में ही है और हर युग की कविता अपने पूर्ववर्ती युग से कुछ-न-कुछ भिन्न अथवा नई होती है, इसलिए 'नई कविता' नाम में अतिव्याप्ति दोष है।

'प्रयोगवाद' से कुछ लोगों का अभिप्राय केवल 'रूपवाद' अथवा 'फॉर्मलिज्म' है, लेकिन 'रूपवाद' प्रयोगवाद की एक शाखा-मात्र है। सभी प्रयोगवादी कवि केवल रूप-विधान तथा टेकनीक पर ही ध्यान नहीं देते; ऐसे कवि और ऐसी रूपवादी कविताएँ थोड़ी हैं।

'प्रयोगवाद' कोरे रूपवाद से अधिक व्यापक प्रवृत्ति तथा विचारधारा का वाहक है, जिसमें थोड़े-थोड़े से अन्तर के साथ अनेक ह्रासोन्मुखी मध्यवर्गीय मनोवृत्तियों और विचारधाराओं का समावेश हो गया है। ऐतिहासिक दृष्टि से प्रयोगवाद उत्तर-छायावाद की समाज विरोधी अतिशय व्यक्तिवादी मनोवृत्ति का ही बढ़ाव है।

[2]

प्रयोगवाद यदि केवल शिल्पगत प्रयोग की प्रवृत्ति नहीं है तो फिर इसके मूल में कौन-सी जीवन-दृष्टि है? दूसरे शब्दों में, प्रयोग का दर्शन क्या है?

'वाद' के विरुद्ध विद्रोह प्रयोगशील कवियों की पहली विशेषता है। 'दूसरा सप्तक' की भूमिका में अज्ञेय ने साफ कहा है कि "प्रयोग का कोई वाद नहीं है। हम 'वादी' नहीं रहे, न ही हैं।" सामान्यत: इसका अर्थ केवल साहित्यिक वाद का निषेध समझा जाता है, लेकिन 'वाद' का विरोध करते हुए प्रयोगशील कवि राजनीतिक या दार्शनिक किसी भी 'वाद' का निषेध करते हैं : वाद अर्थात् मतवाद या सिस्टम! प्रयोगशील कवि यह मानते हैं कि किसी 'वाद' को मानने से व्यक्तिगत एवं स्वतंत्र विचार में बाधा पड़ती है, क्योंकि विचार की दृष्टि से 'वाद' एक तरह की बन्द विचार-प्रणाली है। प्रयोगशील दृष्टि का सूत्रपात ही इस धारणा से हुआ कि पूर्वनिश्चित कोई भी वाद सत्य तक पहुँचने या पहुँचाने में समर्थ नहीं है।

यदि वाद-विरोध बहुत कुछ उन्नीसवीं सदी के उत्तरार्द्ध के यूरोपीय चिन्तन की उस घटना की तरह है, जिसमें हीगेल के सुदृढ़ एवं विराट् 'सिस्टम' के विरुद्ध व्यापक प्रतिक्रिया हुई। 'सिस्टम' के विरुद्ध विद्रोह करने वालों में एक ओर किर्केगार्ड, शोपेनहावर और नीत्शे जैसे व्यक्तिवादी विचारक थे तो दूसरी ओर मार्क्स, एंगेल्स जैसे सामाजिक चिन्तक भी थे। दार्शनिक 'सिस्टम' के विरुद्ध विद्रोह की व्यापक लहर यूरोप में दूसरे महायुद्ध के बाद भी फैली, जिसका आभास अस्तित्ववाद की लोकप्रियता से चल सकता है।

कुछ लोगों को यह बात विचित्र लग सकती है कि यदि 'वाद' के विरुद्ध विद्रोह प्रयोगशील जीवन-दृष्टि की पहली विशेषता है तो अपने को मार्क्सवादी और कम्युनिस्ट कहने वाले कवियों ने प्रयोगशीलता का पथ कैसे अपनाया? एक 'वाद' को मानते हुए वाद या 'सिस्टम' का क्या मतलब हो सकता है? इसका उत्तर तो यही हो सकता है कि मार्क्सवाद स्वयं विचार के क्षेत्र में किसी भी प्रकार के 'सिस्टम-बिल्डिंग' या 'वाद-निर्माण' का विरोधी है, इसीलिए मार्क्सवादी इस विचारधारा को 'दर्शन' न कहकर 'विज्ञान' कहते हैं, जो वस्तुत: 'गाइड टू एक्शन' है। सम्भव है कि आरम्भ में इस विश्वास के कारण मार्क्सवादी एवं गैरमार्क्सवादी कवि एक बुनियाद पर स्थित हुए हों। किन्तु प्रयोगवाद के परवर्ती इतिहास से स्पष्ट है कि प्रयोग के दौरान जिन्हें मार्क्सवाद और प्रयोगशीलता में विरोध दिखाई पड़ा, उन्होंने दो में से एक को छोड़ दिया—अधिकांश ने प्रयोग के लिए मार्क्सवाद को छोड़ दिया।

प्रयोगशील जीवन-दृष्टि की दूसरी विशेषता है कि सत्य के लिए निरन्तर अन्वेषण। जहाँ किसी पूर्वनिश्चित 'वाद' से बचने की कोशिश है वहाँ सत्य का निरन्तर अन्वेषण अनिवार्य हो जाता है और जाहिर है कि यह अन्वेषण हर एक को स्वयं करना पड़ेगा। इस प्रकार प्रयोगशीलता 'व्यक्तिगत अन्वेषण' की वस्तु है। विज्ञान में जिसे 'ट्रायल एंड एरर' पद्धति कहते हैं, जीवन तथा साहित्य में प्रयोगशील

कवि उसी को आदर्श मानते हैं—कोशिश करना और गलती होने पर उससे सबक लेकर फिर कोशिश करना, यही है जीवन के साथ प्रयोग। इस जीवन-दृष्टि के अनुसार सारा जीवन प्रयोगों का एक सिलसिला है। इस मामले में गांधी जी के दर्शन को प्रत्यक्ष रूप से न मानते हुए भी अनजाने ही प्रयोगशील कवि गांधी जी के 'सत्य के प्रयोग' सदृश विचार रखते थे। गांधी जी और प्रयोगशील कवियों के 'सत्य' में अन्तर हो सकता है, किन्तु सैद्धान्तिक रूप से गांधी जी की तरह वे भी 'सत्य' को बहुत 'आन्तरिक' मानते थे और इस अन्तः सत्य की उपलब्धि के लिए उन्हीं की तरह ये कवि भी बुद्धि की अपेक्षा अनुभव को प्रधानता देते थे। विचित्र बात है कि विज्ञान के साथ सम्बद्ध देखकर प्रयोग को कविता के क्षेत्र में 'बौद्धिकता' का आन्दोलन कहना शुरू किया गया जबकि वास्तविकता यह है कि प्रयोगशीलता नितान्त अनुभव-परक जीवन-दृष्टि है। जो लोग विज्ञान-दर्शन के कुछ यूरोपीय विचारकों से परिचित हैं, उन्हें इस बात पर आश्चर्य न होगा कि वे विज्ञान के क्षेत्र में काम करते हुए भी विचारों में बुद्धि विरोधी एवं अनुभववादी अथवा रहस्यवादी हैं।

'प्रयोगवाद' के साथ ही प्रयोगशील कवियों ने प्रायः 'साहस' और 'जोखिम' का भी जिक्र किया। अज्ञेय ने प्रयोगशील कवि की उपमा मोती खोजने वाले गोताखोर से दी है, जो सत्य को प्राप्त करने के लिए समुद्र की अतल गहराई में जाने का 'जोखिम' उठाता है। यह कथन इसलिए ध्यान देने योग्य है कि 'स्वाधीनता संग्राम' में सक्रिय भाग लेने वाले एवं स्पष्ट रूप से एक राजनीतिक विचार को मानने वाले कवियों ने भी कभी अपने 'साहस' और 'जोखिम' की ऐसी घोषणा नहीं की। इससे पता चलता है कि प्रयोग का पथ बड़े 'जोखिम' का है। सवाल यह है कि यह 'जोखिम' और 'साहस' क्या है? स्वयं प्रयोगशील कवियों ने इसकी व्याख्या नहीं की है—न सिद्धान्त में और न व्यवहार में।

वैसे, नितान्त निजी अनुभव के सहारे सत्य की खोज करना सचमुच ही साहस का कार्य कहा जाएगा और इस प्रक्रिया में यदि कोई व्यक्ति अपने जीवन के साथ भी नित्य नए प्रयोग करे तो जान जोखिम में पड़ सकती है। वस्तुतः प्रयोगकर्ता के साथ एक अनिवार्य शर्त यह भी है कि किसी सत्य की परीक्षा के लिए स्वयं उसे जीना चाहिए और जाहिर है कि सत्य के जीते चलने की प्रक्रिया काफी दुःसाध्य है।

जर्मन दार्शनिक नीत्शे ने भी 'प्रयोग' को अपने जीवन-दर्शन का आधार बनाया था। उसने बार-बार जर्मन शब्द 'Versuch' का प्रयोग किया है, जिसका अंग्रेजी पर्याय 'Experiment' होता है और हिन्दी के प्रयोगशील कवि जिस अर्थ में जीवन को प्रयोग मानते हैं, लगभग उसी अर्थ में नीत्शे भी जीवन को प्रयोग मानता था। उसका भी यह कहना था कि विचार के क्षेत्र में नए-नए प्रयोग का साहस होना

चाहिए। कोई आवश्यक नहीं कि प्रयोगों में एक सुसम्बद्ध अनुक्रम हो। प्रयोगों का क्रम विच्छिन्न होता है, क्योंकि हर प्रयोग अपने-आप में नया है और हर शुरुआत नई शुरुआत है। नीत्शे का भी दावा था कि मौका पड़ने पर अपने ही पूर्ववर्ती विचारों के विरुद्ध घोषणा करने का साहस होना चाहिए। 'जोखिम के साथ जिओ' (Live dangerously) नीत्शे का ही नारा था। अपने आचार के द्वारा विचारों की सत्यता परखने के व्रत को उसने इतनी दूर तक निभाया कि वह पागल होकर मरा। 'सिस्टम' का विरोध उसने इतनी कट्टरता से किया कि स्वयं अपने विचारों में भी कोई 'सिस्टम' या व्यवस्था नहीं आने दी; उसकी सबसे प्रसिद्ध पुस्तक 'जरथ्रुस्त उवाच' बिखरे सूत्रों और विचार-स्फुलिंगों का संग्रह है।

पता नहीं प्रयोग और अन्वेषण का व्रत लेते समय प्रयोगशील कवियों के सामने नीत्शे के विचार कहाँ तक थे, किन्तु 'तीसरा सप्तक' के एक कवि के पचीस शील वाले वक्तव्य से स्पष्ट है, प्रयोग का सिलसिला आगे चलकर नीत्शे तक अवश्य पहुँच गया।

परवर्ती कवियों ने हर तरह की 'विचारधारा' का तिरस्कार किया—यहाँ तक कि पूरी भीड़ एक प्रकार से अ-राजनीतिक हो उठी; विचार मिथ्या प्रतीत होने लगे; भावनाएँ भावुकता मालूम होने लगीं; ऐन्द्रिय-बोध अथवा संवेदन ही वास्तविक प्रतीत हुए; परिणाम-ऐन्द्रिय-बोध की प्रतिक्रिया प्रकट करने वाली कविताएँ, सुख के क्षणों में मादक उन्माद और दुख के क्षणों में अन्ध-विद्रोह अथवा निरुद्देश्य निराशा! आगे चलकर जो क्षणवादी विचारों की व्यापक उद्घोषणाएँ हुईं, आरम्भिक प्रयोगशील जीवन-दृष्टि का ही बढ़ाव समझना चाहिए।

कहना न होगा कि जिस प्रकार सन्देह एक हद के बाद 'सन्देहवाद' हो जाता है उसी प्रकार 'प्रयोग' भी एक हद के बाद 'प्रयोगवाद' हो गया। यह विडम्बना ही है कि जिस 'वाद' का विरोध प्रयोगशील कवियों ने किया, वही प्रयोग के दौरान 'प्रयोगवाद' बनकर स्थिर हो गया—निःसन्देह अन्त तक अपनी अनुभववादी प्रकृति के कारण वह एक व्यवस्थित एवं सुसंगत विचार-प्रणाली का रूप कहीं ग्रहण कर सका।

परन्तु एक बात अवश्य हुई कि आगे चलकर प्रयोगशील जीवन-दृष्टि को काव्य के क्षेत्र में एक व्यवस्थित काव्य-सिद्धान्त बनाने के प्रयत्न होने लगे। 'दूसरा सप्तक' की भूमिका में अज्ञेय ने इस काव्य-सिद्धान्त का सूत्रपात करते हुए कहा कि "प्रयोग दोहरा साधन है; क्योंकि एक तो वह उस सत्य को जानने का साधन है, जिसे कवि प्रेषित करता है, दूसरे उस प्रेषण की क्रिया को और उसके साधनों को जानने का भी साधन है अर्थात् प्रयोग द्वारा कवि अपने सत्य को अधिक अच्छी तरह जान सकता

है और अधिक अच्छी तरह अभिव्यक्त कर सकता है।" सामान्यत: यह समझा जाता है कि कवि अपने भावों और विचारों को अभिव्यक्त करने के लिए ही भाषा को समर्थ बनाता है। ऐसा कहने वाले प्राय: यह मानकर चलते हैं कि भाव या विचार किसी अन्य साधन से प्राप्त किए जा सकते हैं और एक तरह से उन्हें प्राप्त करने के लिए कवि को विशेष श्रम भी नहीं करना पड़ता, किन्तु उन्हें व्यक्त करने के लिए काव्यगत दूसरे साधनों का उपयोग किया जाता है। इसके विपरीत प्रयोगशील कवि की धारणा यह है कि भाषा के ही माध्यम से नए सत्य का अन्वेषण भी किया जाता है और भाषा के ही माध्यम से ही उसे काव्य का रूप भी दिया जाता है—इस प्रकार काव्यशिल्प जानने और व्यक्त करने—दोनों ही का माध्यम है। प्रयोगशीलता इसी अर्थ में काव्य के वस्तु और शिल्प, दोनों ही का प्रयोग है। कहना न होगा कि हिन्दी काव्य-शास्त्र के इतिहास में यह एक नई काव्य-दृष्टि थी।

आगे चलकर 'सौन्दर्थ-बोध' की परम्परा के सन्दर्भ में 'प्रयोग' की व्याख्या करते हुए रघुवीर सहाय ने कुछ और बातें स्पष्ट कीं। 'सीढ़ियों पर धूप में' संग्रह के अन्तर्गत उन्होंने लिखा है, "प्रयोग जिस अन्वेषण की उपज है, वह सामाजिक यथार्थ, नई सामाजिक चेतना, नए मानव-सम्बन्ध नए काव्य-तत्त्व के लिए नए छंद, भाषा आदि में किसी भी धरातल पर नहीं होता।...ये कार्यक्षेत्र हैं।...रचनाक्षेत्र एक और ही धरातल है, जहाँ एक सम्पृक्त बुद्धिजीवी व्यक्ति में अत्यन्त मौलिक एवं अत्यन्त चिरन्तन कुछ आन्तरिक तत्त्व काम करते हैं। वे तत्त्व क्या हैं? अपने से ऊपर उठ जाने की इच्छा..." रघुवीर सहाय के अनुसार 'अपने व्यक्तित्व की खोज' भी प्रयोग नहीं है, "कला की अपनी सौन्दर्य-परम्परा में कवि द्वारा इन कलात्मक अनुभव के क्षणों का रखना ही प्रयोग है।" अनन्त: प्रयोग 'कलात्मक अनुभव का क्षण' है। इस प्रकार प्रयोगशीलता क्रमश: अनेक प्रयोगों के बाद सूक्ष्म कलात्मक अनुभव के क्षण तक पहुँची।

प्रयोग के साथ प्राय: 'सफलता' का नाम लिया गया है। प्रयोगशील कवियों का आग्रह रहा है कि सफल प्रयोग ही वस्तुत: प्रयोग है—असफल प्रयोगों को एक प्रकार का 'प्रयास' कहा जा सकता है। जाहिर है कि जहाँ सफलता ही सत्य के प्रयोग की कसौटी होगी वहाँ जीवन-दृष्टि नितान्त व्यवहारवादी (Pragmatic) होगी और दर्शन के अध्येता जानते हैं कि व्यवहारवाद से सत्य की प्राप्ति असम्भव है। वस्तुत: यह तो एक काम-चलाऊ नुस्खा है। 'जो कारगर हो वह सत्य है' यदि यह मान लिया जाए तो फिर जादू-टोना, झाड़-फूँक, तंत्र-मंत्र सभी सत्य साबित हों। कहना न होगा कि सफलता को सत्य के प्रयोग की कसौटी मानने वाले प्रयोगशील कवियों को एक तरह से हिन्दी-जगत् में काफी 'सफलता' मिली।

[3]

प्रयोगवाद के पन्द्रह वर्षों का इतिहास व्यक्तिवाद के दो सीमान्तों के बीच फैला हुआ है—इनमें से एक सीमान्त है, मध्यवर्गीय परिवेश के प्रति मध्यवर्गीय कवि का वैयक्तिक असन्तोष और दूसरा सीमान्त है, जन-जागरण से डरे हुए कवि की आत्म-रक्षा की भावना। कुल मिलाकर यह चरम व्यक्तिवाद ही प्रयोगवाद का केन्द्र-बिन्दु है और विभिन्न राजनैतिक, नैतिक, सामाजिक मान्यताओं के रूप में यह संकीर्ण व्यक्तिवाद अपने को व्यक्त करता रहता है।

वस्तुत: इस सदी के शुरू-शुरू में जिस मध्यवर्ग ने आत्मशोध तथा आत्मविकास के साथ साहित्य, कला और संस्कृति सम्बन्धी जो नवीन अभियान किया था, वही अपनी वैयक्तिक प्रवृत्ति के कारण क्रमश: समाज-विरोधी हो उठा और इस सदी का पूर्वार्द्ध समाप्त होते-न-होते हारकर अपने अस्तित्व की रक्षा के लिए ही मजबूर हो गया। छायावाद के साथ इसका गौरवशाली आरम्भ हुआ और अब प्रयोगवाद में उसका दयनीय पर्यवसान हो रहा है। किसी समय जो व्यक्ति-केन्द्र असीम के विराट् वृत्त के रूप में आत्म-विकास कर रहा था, अब वह केवल केन्द्र के रूप में ही सिमटकर अपने बचाव का उपाय सोचने लगा था।

जिस औद्योगिक विकास ने मध्यवर्ग को जन्म दिया और मध्यवर्ग में भी बुद्धिजीवी संवेदनशील कवि को जिसने नवीन शिक्षा तथा ज्ञान के द्वारा प्रकृति और समाज को देखने-परखने की अन्तर्दृष्टि दी और उसी ने धीरे-धीरे सम्पूर्ण समाज में निर्मम आर्थिक सम्बन्धों की स्थापना कर दी और स्वयं मध्यवर्ग के भीतर बढ़ते हुए श्रम-विभाजन के कारण अनेक स्तर बन गए, जिनमें कवि की स्थिति सबसे अधिक दयनीय हो उठी। ऐसे स्तर-भेद वाले बाजारू समाज की कठोर वास्तविकताओं ने छायावादी कवि की भावुकता का सारा रस सुखा दिया और साथ ही उसके आकाशगामी कल्पना-पंख को भी तोड़ डाला। सूर्य को छूने के लिए जो सम्पाती चला था, उसके पंख उस असह ज्वाला से जल गए और वह पक्षी अन्त में धरती पर उतरने के लिए विवश हो गया। उसकी स्थिति ग्रीक-पुराणों के 'आइकेरस' की-सी थी, जिसने उड़ान तो ऊँची भरी, किन्तु उसे पता नहीं था कि उसके पंख मोम के हैं; फलत: वास्तविकता के तीव्र ताप में वे मोमी पंख पिघल गए और अवंचित 'आइकेरस' को नीचे गिरना पड़ा। 'इत्यलम' के आरम्भ के अज्ञेय ने फ्रांसीसी कवि वॉदलेयर की 'आइकेरस का विलाप' से अनुलिखित उद्धरण देकर मध्यवर्गीय कवि की इसी विवशता की ओर संकेत किया है—

"किन्तु मैं—मेरी भुजाएँ टूट गई हैं
क्योंकि मैंने उसकी परिधि में मेघों को बाँध लेना चाहा!"

निःसन्देह मध्यवर्गीय कवि की कल्पना के पंख मोम के ही थे और यह वर्ग अपने कवि को इसी तरह धोखा देता आया है, परन्तु वास्तविकता यह है कि छत्तीस के आसपास तक यह 'आइकेरस' अथवा सम्पाती आकाश-च्युत होकर एकदम धरती पर नहीं आ गिरा था। जैसा कि अज्ञेय के तत्कालीन निबन्ध-संग्रह के 'त्रिशंकु' नाम से विदित होता है, तब तक वह मध्यवर्गीय कवि अधर में ही लटका हुआ था। उस समय वह अपनी मध्यवर्गीय परिवृत्ति से संघर्ष करता हुआ फिर से 'ऊपर' उड़ने के लिए प्रयत्नशील था।

पहले तो कवि ने अपनी 'सामाजिक अनुपयोगिता' के विरुद्ध अपनी उपयोगिता प्रमाणित करने का प्रयत्न किया; ऊँचे व्यवसायियों, राज-कर्मचारियों, डॉक्टरों, वकीलों, इंजीनियरों आदि के परम उपयोगी समाज के बीच उसने कविता की उपयोगिता और उसके साथ ही अपनी उपयोगिता तथा महत्त्व प्रमाणित करना चाहा, परन्तु इसमें सफलता न मिलने पर तोषप्रद सामाजिक परिवृत्ति के लिए माँग आरम्भ की। अपने मन के अनुकूल सामाजिक परिवृत्ति के अभाव में जिन कवियों में 'घर की याद के दौहृद' का-सा भाव दिखाई पड़ा, उसकी उसने आलोचना की; 'एकान्त संगीत' वाले बच्चन के विकराल आर्तनाद को 'पलायनवाद' कहकर उसे अनुचित बतलाया, जैनेन्द्र के 'अबुद्धिवाद' को 'आधुनिक बौद्धिक उलझन से पलायन का परिणाम' तथा 'एक पुरानी, अधिक सरल आयासहीन जीवनचर्या की ओर जाने की चेष्टा से अनुप्राणित' ठहराया और यह भी दिखलाया कि इन्हीं सब की तर्कसंगत परिणति 'मृत्यु-उपासना' का वह भाव है, जिसमें 'मृत्यु का चिरनिद्रा' अथवा 'मुक्ति' रूप में 'आह्वान और स्वागत' किया जाता है।

इन सभी पलायनवादी प्रवृत्तियों का विरोध करके आरम्भिक व्यक्तिवादी प्रयोगवाद ने 'प्रतिरोध' और 'युयुत्सु-भाव' का नारा दिया।

लेकिन उसमें 'प्रतिरोध' और 'युयुत्सु-भाव' की सीमा थी। उसकी 'युयुत्सा' संघर्ष अथवा विद्रोह में नहीं, बल्कि केवल 'पीड़ा-बोध' में थी। अपनी युयुत्सा को स्पष्ट करने के लिए अज्ञेय ने सियारामशरण गुप्त की एक कविता उद्धृत की है, जिसका निष्कर्ष इस प्रकार है—

तुझे होगा जो पीड़ा-बोध
वही तेरे पथ-ऋण का शोध।

इस तरह वह 'अचेतना' और मृत्युपासना के विपरीत 'पीड़ा-बोध' और 'सम्पन्न-जागरूकता' का हिमायती है, लेकिन उसकी जागरूकता की भी सीमा है। वह अधिक-से-अधिक 'अनुभूति और परिस्थिति के कार्य-कारण-परम्परा जोड़ने की वृत्ति' है। दूसरे शब्दों में, यह जागरूक कवि अपनी अनुभूतियों के सामाजिक कारण को भी जानने की जिज्ञासा रखता है और इसी कारण-विश्लेषण के द्वारा वह इस निष्कर्ष पर पहुँचता है कि 'दुखी और सुखी' की कोई आत्यन्तिक श्रेणियाँ तो जीवन में हैं नहीं। दुख, अपूर्णता, पीड़ा—ये सर्वव्यापी हैं। गरीबों ने इनका ठेका नहीं लिया है। यह निष्कर्ष मध्यवर्गीय कवि को सोचने के लिए विवश करता है कि 'क्यों न हम दोनों वर्गों से ऊपर उठकर सम्पूर्ण मानवता के गान गाए?'

अपने वर्ग के धनी-मानी और प्रतिष्ठित लोग निर्धन कवि को अपने बीच सम्मान देते नहीं और किसान-मजदूरों के बीच उतरकर सम्मानित होना उसके लिए हेठी है; न वह उनका गीत गा सकता है, न इनका। त्रिशंकु-स्थिति इसी को कहते हैं। इसीलिए वह इन सबसे परे रहकर काल्पनिक 'निष्पक्षता' का व्रत लेता है। लेकिन धीरे-धीरे इस 'निष्पक्षता' का भी व्रत टूटता है और वह अन्त में अपनी मंशा साफ-साफ इन शब्दों में प्रकट करता है कि वह 'परिस्थिति' के भीतर ही अपने लिए एक 'सन्तोषजनक' परिवृत्ति गढ़ सकता है। यह 'परिस्थिति' और कुछ नहीं वस्तुत: वह मध्यवर्गीय परिवृत्ति ही है। इस कवि की सारी जागरूकता यही सिखाती है कि किसी नवीन समाज-व्यवस्था में ही किसी तरह दिल बहलाने की चेष्टा करनी चाहिए या तो वह समाज-व्यवस्था थोड़ी और भी लचीली होकर कवि के अनुकूल हो जाए अथवा स्वयं कवि ही थोड़ा-सा और झुककर उस समाज-व्यवस्था के अनुकूल हो जाए; दूसरे शब्दों में, किसी प्रकार निम्न-मध्यवर्गीय व्यक्ति की आर्थिक और सामाजिक स्थिति कुछ अच्छी हो जाए—वह सेठों की तरह धनी भले न हो, परन्तु स्वत: समर्थ अवश्य हो जाए। मतलब यह कि किसान-मजदूर चूल्हे-भाड़ में जाएँ, निम्न-मध्यवर्ग का यह बुद्धिजीवी व्यक्ति कुछ और ऊँचे चढ़ जाए।

इस तरह इस विद्रोही कवि का उच्च-मध्यवर्ग तथा उसकी समाज-व्यवस्था के प्रति सारा असन्तोष और युयुत्सु-भाव अन्त में इस प्रस्ताव पर खत्म हुआ कि उसे संरक्षण प्राप्त हो। केवल इस टुकड़े पर उच्च-मध्यवर्ग का सारा अत्याचार और अपनी सारी पीड़ा भुलाई जा सकती है।

लेकिन ऐसा दिखाई पड़ता है कि इस बार फिर मध्यवर्गीय कवि को धोखा हुआ: मोह-भंग उसका फिर हुआ। उसकी इस एकाकी 'याचना' की ओर मध्यवर्ग ने ध्यान नहीं दिया। ऐसी स्थिति में उसने अपने को सर्वथा नि:सहाय अनुभव किया। उसने अपने को 'विस्थापित', 'नि-घरा', 'नि-जड़ा' तथा 'उखड़ा हुआ' अनुभव

किया। कालक्रम से अज्ञेय ने घोषित किया कि यह 'नि-घरापन' या 'नि-जड़ापन' नए लेखक की पहली समस्या है! इस 'नि-जड़ापन' को अज्ञेय ने 'नदी के द्वीप' प्रतीक से व्यक्त किया है, जिसमें कवि का व्यक्ति मध्यवर्गीय भूखंड से निर्मित, किन्तु विलग उस द्वीप के समान है, जिसे जन-जीवन की स्रोतस्विनी निरन्तर डुबाती, उखाड़ती, बहाती और फिर थोड़ी देर के लिए स्थापित करती चल रही है।

मध्यवर्गीय परिवेश से सामाजिक रूप में कटकर भी मानसिक रूप से यह कवि उसके मोह को छोड़ने में जितना असमर्थ है, उतना ही असमर्थ जन-जीवन के साथ तदाकार होने में भी है। फलत: इस प्लावन के सम्मुख उसका 'स्थिर समर्पण' है। इस 'स्थिर समर्पण' में भी वैयक्तिक 'ऐठ' निहित है। इस प्लावन की शक्ति से परिचित होते हुए भी मध्यवर्गीय कवि को विश्वास है कि उसका अस्तित्व किसी-न-किसी रूप में अवश्य सुरक्षित रहेगा। उसकी धारणा है कि नारियल, चिलम—एक-एक करके सब कुछ बदल जाने पर भी हुक्का वही रहेगा।

इस तरह 'त्रिशंकु' के प्रतिरोध, असन्तोष और सक्रिय जागरूकता से गिरते-गिरते प्रयोगवाद 'नदी के द्वीप' के स्थिर समर्पण, एकाकीपन और निष्क्रिय परितृप्ति में डूब गया।

उसने 'दुख' को गौरवान्वित करके उसे 'फ़लसफ़ा' का रूप दे दिया। वह दार्शनिक सूत्र यह है कि—

दुख सबको माँजता है

और—

चाहे स्वयं सबको मुक्ति देना वह न जाने किन्तु—
जिनको माँजता है।
उन्हें वह सीख देता है कि सबको मुक्त रखें।

'दुख' के इस शोधक और मुक्तिदायक रूप को अज्ञेय 'शेखर' काल से ही मानते आ रहे हैं। लेकिन उस समय अज्ञेय का विचार था कि 'दुख उसी की आत्मा की शुद्धि करता है, जो उसे दूर करने की कोशिश करता है।' और इसीलिए उस समय वह इस निष्कर्ष पर पहुँचा था कि 'दर्द से बड़ा विश्वास है', लेकिन 'नदी के द्वीप' की स्थिति आते-आते उससे 'दुख को दूर करने' की भावना भी चली गई और 'विश्वास' भी उठ गया। अब वह 'नदी के द्वीप' तक आते-आते सोचता है कि 'दर्द तभी तक क्लेशकर होता है जब तक हम उससे लड़ते हैं, जब तक हम अपने अपनेपन को बनाए रखना चाहते हैं। विलाश के आगे अपने को समर्पित कर देने के बाद सब क्लेश मानो झर जाते हैं।'

इस समर्पण के बाद उसे अब व्यापक सामाजिक दर्द की अनुभूति भी नहीं होती; अब उसे केवल 'प्यार का दर्द' होता है; अब उसके लिए प्यार, दर्द, सत्य—सभी पर्याय हो जाते हैं, और फिर ये सभी हो जाते हैं अज्ञेय? अनुभूति और विचार की इस दशा पर पहुँचकर सब किस्सा खत्म। जिस कवि ने किसी समय यह लिखा था—

तुम्हारा यह उद्धत विद्रोही
घिरा हुआ है जग से, पर है सदा अलग निर्मोही!
जीवन-सागर हहर हहर कर
उसे लीलने आता दुर्धर
पर वह बढ़ता ही जाएगा लहरों पर आरोही!

(*विश्वास : इत्यलम्*)

और जिसने अपने आततायी परिवेश को ललकारते हुए चुनौती दी—

ठहर, ठहर, आततायी! जरा सुन ले
मेरे क्रुद्ध वीर्य की पुकार आज सुन जा

(*जनाह्वान : इत्यलम्*)

उसी 'उद्धत विद्रोह' ने कुछ समय बाद 'उष:काल' में अनुभव किया कि—

मैं ही हूँ वह पदाक्रान्त रिरियाता कुत्ता—
मैं ही वह मीनार-शिखर का प्रार्थी मुल्ला—
मैं वह छप्पर-तल का अहंलीन शिशु भिक्षुक—
और हाँ, निश्चय,
मैं वह तारक-युग्म,
अपलक द्युति, अनथक गति, बद्ध नियति
का जो पार किए जा रहा नील मरु-प्रांगण नभ का!

(*उष:काल की भव्य शान्ति : इत्यलम्*)

और फिर कैरा' की निराशाभरे स्वर में सुनाते हुए इलियट की यह कविता पढ़ी—

I said to my soul; Be still, and wait without hope–

बिना आशा, बिना प्रेम और बिना विश्वास के चिर प्रतीक्षा करते रहना क्योंकि आशा, प्रेम, विश्वास सभी प्रतीक्षा में हैं—नैराश्य और अनास्था की चरम अवस्था है।

इस नैराश्य और अनास्था के मूल में 'अहंवाद' है—इसे भी कवि पहचानता है और आत्म-समीक्षा के क्षणों में स्वीकार करता है—

अहं! अन्तर्गुहावासी! स्वरति! क्या मैं चीन्हता
कोई न दूजी राह?
जानता क्या नहीं निज में बद्ध होकर है नहीं निर्वाह?

परन्तु धीरे-धीरे यह बोध भी क्षीण हो जाता है और कवि अपने 'अहं', 'अन्तर्गुहावास' और 'स्व-रति' का औचित्य प्रमाणित करते हुए 'नदी के द्वीप' की युक्ति देता है—

किन्तु हम हैं द्वीप।
हम धारा नहीं हैं।
स्थिर समर्पण है हमारा
द्वीप हैं हम।
यह नहीं है शाप। यह अपनी नियति है।
यदि ऐसा कभी हो
यह स्त्रोतस्विनी है ही कर्मनाशा कीर्तिनाशा घोर
काल-प्रवाहिनी बन जाए
तो हमें स्वीकार है वह भी। उसी में रेत होकर
फिर छनेंगे हम। जमेंगे हम। कहीं फिर पैर टेकेंगे।
कहीं फिर भी खड़ा होगा नए व्यक्तित्व का आकार।

प्रयोगवाद के दोनों सीमान्तों को जिस तरह अज्ञेय की कविताएँ छूती हैं, उस तरह सम्भवतः अन्य प्रयोगवादी कवियों की रचनाएँ नहीं छूतीं, अन्य कवि इन्हीं सीमान्तों के बीच कहीं न कहीं स्थित हैं। इसके साथ यह भी ध्यान देने योग्य तथ्य है कि अज्ञेय की ही तरह सभी प्रयोगवादी कवियों ने अपने विचारों को स्पष्ट रूप से सैद्धान्तिक रूप नहीं दिया है।

प्रयोगवाद के आरम्भिक युग में जब अज्ञेय मध्यवर्गीय परिवृत्ति के विरुद्ध वैयक्तिक असन्तोष उगल रहे थे, नेमिचन्द्र, गजानन, मुक्तिबोध और भारत भूषण काव्य-क्षेत्र में आए। अज्ञेय की तरह इन कवियों में भी घोर असन्तोष था, किन्तु अज्ञेय के विपरीत इन कवियों में अपनी मुक्ति के लिए नवीन जन-आन्दोलन से तादात्म्य स्थापित करने की आकांक्षा भी थी। इसीलिए इन कवियों में अज्ञेय के असन्तोष से थोड़ा भिन्न एक नए ढंग की 'कशमकश' दिखाई पड़ती है। यह 'कशमकश' है 'संस्कार और विवेक की' आत्मस्थ होने की चाह को—असमर्थता को विवेक द्वारा चौर डालने की कशमकश। नेमि और मुक्तिबोध में यह कशमकश अधिक तीव्र तथा मार्मिक है और इन दोनों कवियों में भी मुक्तिबोध में 'सक्रिय जीव-शक्ति' और अधिक है।

प्रयोगवाद के विकास-क्रम में कुछ दिनों बाद शमशेर और काफी दिनों बाद रघुवीर सहाय आए। नेमि और मुक्तिबोध वाला अन्तर्द्वन्द्व इन दिनों कवियों में भी दिखाई पड़ता है, लेकिन जहाँ रघुवीर सहाय में यदि इस अन्तर्द्वन्द्व के फलस्वरूप मर्मस्पर्शी दर्द और शक्ति अर्जित करने की वास्तविक आकांक्षा अधिक है तो शमशेर में यह अन्तर्द्वन्द्व स्पष्टत: विभाजित दो व्यक्तित्वों के रूप में स्थायी बन गया है, जिसमें अपने-अपने ढंग से जनवादी और वैयक्तिक, दो प्रकार की भावनाएँ कविता का रूप ले लिया करती हैं—नि:सन्देह एक कोरे कर्तव्य-पालन के रूप में और दूसरी अनुभूति-प्रवण के रूप में।

प्रयोगवाद के अन्तिम दिनों में भारती, सर्वेश्वर जैसे भावुक कवि आए, जिनके जन-आन्दोलन-भीरु मन को 'नदी के द्वीप' वाला फलसफा कवच की तरह मिल गया। कम्युनिस्ट नेतृत्व से आतंकित होने के कारण इनके मन में अपनी निजता के ग्रसे जाने की ऐसी काल्पनिक आशंका है कि ये अनजाने ही निरन्तर अनास्था, शंका, निराशा और फिर भी मिथ्या आत्मविश्वास के गीत गाते चले जा रहे हैं। सर्वेश्वर जब 'घास काटने की मशीन' के खतरे बतलाते हैं और भारती अनुलिखित 'शंका' उठाते हैं तो करुण स्वर में 'नदी के द्वीप' का ही भाष्य करते हैं—

जिस दिन अपनी हर आस्था तिनके-सी टूटे
जिस दिन अपने अन्तरतम के विश्वास सभी निकले झूठे
उस दिन
होंगे वे कौन चरण
जिनमें इस लक्ष्यभ्रष्ट मन को मिल पाएगी
अन्त में शरण
हमको कुछ ऐसा लगता प्रभु
ऐसे कोई भी नहीं चरण, जिनमें मिल पाए हमें शरण
तुम भी केवल निष्क्रिय पथ हो
चलना तो हमको ही होगा
चलने में ही हम टूटों और अधूरों का शायद होगा
कुछ नया गठन
आश्रय देंगे हमको अपने जर्जर, पर अपराजेय चरण।

सूत्र और वृत्ति में जो अन्तर होता है, वही यहाँ भी है। अज्ञेय के 'नदी के द्वीप' को अपने ऊपर इतना विश्वास नहीं है, जितना इस शंकाकुल लक्ष्यभ्रष्ट जर्जर चरण को है! और इस आस्थाहीन 'आत्म-विश्वास' के खोखलेपन का यही सबूत है कि न

तो यह 'अनास्था' अनुभूत है और न यह आत्मविश्वास वास्तविक है। भारती की अधिकांश कविताएँ जिस राग-रंग से बनी-ठनी आती हैं, उन्हें देखकर यही कहा जा सकता है कि शंका की बातें वे केवल अवसर के तकाजे से, ऊपरी मन से करते हैं! फिर भी 'प्रयोगवाद' के इतिहास के इस मनोवृत्ति का उल्लेख इसलिए आवश्यक है कि इससे कुछ परवर्ती प्रयोगवादियों का अनुभूतिहीन अनुकरणशील प्रवृत्ति का पता चलता है।

प्रयोगवादी कवियों में प्रभाकर माचवे और गिरिजाकुमार दो ऐसे कवि हैं, जिनकी विचारधारा स्पष्ट नहीं है अथवा कम-से-कम जिन्होंने अपनी अनुभूति को निश्चित विचार-प्रणाली का रूप नहीं दिया है। दर्शनशास्त्र के विज्ञापित विद्यार्थी प्रभाकर माचवे के लिए इस तरह की बात थोड़ी आश्चर्यजनक है, लेकिन है अक्षरशः सत्य। इसका कारण माचवे द्वारा ही उद्धत कोलरिंज के इस कथन में है कि 'गहरी भावनाएँ गहरे विचार की कोख से जन्मती हैं।' और माचवे में न तो गहरी भावनाएँ हैं और न गहरे विचार! वे अपने भावों के प्रति कतई 'सीरियस' नहीं हैं, इसीलिए उनके पद्यात्मक प्रयत्नों को शुद्ध 'रूपवाद' कहा जा सकता है।

लेकिन गिरिजाकुमार के लिए यही बात नहीं कही जा सकती। सफल रूपवाद और अनिश्चित विचार-प्रणाली के बावजूद गिरिजाकुमार की 'थकान' और रूप-रस-रंग की ऐन्द्रिय 'तृप्ति' के पीछे संक्रान्ति-युग के मध्यवर्गीय कवि की निश्चित मनोवृत्ति का पता चलता है। गिरिजाकुमार के विषय में रघुवीर सहाय का यह कथन युक्तिसंगत प्रतीत होता है कि "विषय की अपेक्षा टेकनीक में रुचि अधिक रही है।" उसके इस स्वकथन पर हमें पूरा विश्वास तो नहीं होता, परन्तु विषय के प्रति उनकी संवेदना में टेकनीक विषय का एक अनिवार्य अंग बनकर आती है और फिर 'उस दशा में भी चट्टानें, धुँधले पथ, धुएँ की रेखाएँ, खँडहर, टाइफाइड और फिर पानी भरे बादल, केशर-शशि, तन-दीप्ति-दीप्ति आँचल, अधमसले गात और कुवार की उजली धूप, सब एक विवश संघर्ष और उपलब्धि की छाया ही तो हैं।'

इस तरह गिरिजाकुमार की यह थकान और रुग्ण रूमानियत भी परोक्ष रूप से उसी व्यक्तिवाद से परिचालित है, जिसमें जीवन की उलझनों से बचकर रंगीन दिवास्वप्नों में दिल बहलाने की प्रवृत्ति जगती है।

यहीं यह भी समझ लेना चाहिए कि प्रयोगवादी कवियों में सच्चे अर्थों में रूपवादी प्रभाकर माचवे, गिरिजाकुमार तथा शमशेर ही हैं। इसका मतलब यह नहीं है कि इनकी सारी रचनाएँ 'रूपवादी' हैं; इसका मतलब केवल इतना है कि चित्रकला, रेखांकन तथा ध्वनि-चित्रों से प्रेम होने के कारण कविता में केवल रूप-विधि का भी इन्होंने सैद्धान्तिक रूप से अभ्यास किया है।

इस रूपवादी मनोवृत्ति का भी दूर तक विश्लेषण किया जाए तो पता चलेगा कि इसके मूल में भी वही चरम व्यक्तिवाद है जो सामाजिक समस्याओं के प्रति व्यक्ति के मन में एक प्रकार की 'नॉन-सीरियस' गैरजिम्मेदारी और उदासीन रुख अख्तियार करवाता है और जिसके फलस्वरूप कवि सामयिक समस्याओं से एकदम बचकर, उन सबकी सर्वथा उपेक्षा करके केवल काव्य-रूपों और 'शिल्पों' में ही निरुद्देश्य भाव से अपने को उलझाए रहता है। यह भी एक प्रकार का पलायन ही है। अक्सर देखा गया है चित्रकला और कविता में रूपवाद उसी समय आया है जब मध्यवर्ग ह्रासोन्मुख हुआ है।

[4]

प्रयोगवाद का उदय ही मोह-भंग (डिर-इल्यूजनमेंट) से हुआ, इसलिए इसमें छायावादी कल्पनाशीलता के विपरीत यथार्थवाद का आग्रह अधिक था। कल्पना के द्वारा छायावाद ने जिन वस्तुओं को उदात्त रूप दे रखा था, उसकी क्षुद्रता के उद्घाटन में प्रयोगवादी कवि को विशेष प्रकार का आनन्द मिलने लगा। उदाहरण के लिए, छायावादी कवि ने जहाँ चाँदनी का बड़ा भव्य चित्र खड़ा किया था, वहाँ प्रयोगवादी कवि ने 'शिशिर की राका-निशा' की वास्तविकता इस प्रकार चित्रित की—

वंचना है चाँदनी
झूठ वह आकाश का निरवधि गहन विस्तार
शिशिर की राका-निशा की शान्ति है निस्सार!
दूर वह सब शान्ति, वह सित भव्यता, वह
शून्य के अवलेप का प्रस्तार—
इधर—केवल झिलमिलाते
चेत-हर, दुर्धर कुहासे की हलाहल-स्निग्ध मुट्ठी में
सिहरते से, पंगु, टुंडे
नग्न, बच्चे दईमारे पेड़!

जिसमें आगे चलकर 'बाँस की टूटी हुई टट्टी', 'लटकती एक खम्भे से भटी-सी ओढ़नी की चिन्दियाँ दो-चार' और 'मूत्र सिंचित मृत्तिका के वृत्त में तीन टाँगों पर खड़ा नतग्रीव गदहा' भी है।

अज्ञेय द्वारा चित्रित यह राका-निशा छायावादी कल्पना-मुग्ध संस्कार को ठेस पहुँचाने के साथ ही रंगीन आवरण के भीतर छिपी हुई कुरूपता का पर्दाफाश करती है।

छायावादी कवि प्रायः प्रकृति की मोहक पृष्ठभूमि में अथवा सुन्दर प्राकृतिक प्रतीकों के माध्यम से नारी की छाया-प्रतिमा निर्मित करते रहे, लेकिन प्रयोगवादी कवि ने यहाँ भी अप्सरामयी नारी को स्पप्न-स्थित गरिमामय पद से उतारते हुए सामान्य भाव-भूमि पर प्रतिष्ठित कर दिया और इस तरह नारी-सौन्दर्य के उपमान भी स्वभावतः पदच्युत हो गए। अज्ञेय का ही 'सावन मेघ'—

भूमि के कम्पित उरोजों पर झुका-सा
विशद, श्वासाहत चिरातुर

दिखलाई पड़ रहा है और उनकी धरती भी

स्नेह से आलिप्त
बीज के भवितव्य से उत्फुल्ल
बद्ध
वासना के पंक सी फैली हुई थी
सत्य सी निर्लज्ज, नंगी
और समर्पित।

प्रकृति और नारी के प्रति प्रयोगवाद का यह आरम्भिक दृष्टिकोण यथार्थ के नाम पर वस्तुतः नग्न यथार्थवाद अथवा 'नेचुरलिज्म' है। काल्पनिक दृष्टिकोण की प्रतिक्रिया में यथार्थवाद प्रायः शुरू-शुरू में ऐसा ही नग्न रूप लेता है। इस उच्छृंखलता के मूल में व्यक्तिवाद की ही अराजक मनोवृत्ति है।

इसी मनोवृत्ति के फलस्वरूप छायावाद का छुई-मुई-सा प्रेम अब मांसल रूप में प्रकट होने लगा। जहाँ पहले यह सिद्धान्त था कि 'सौन्दर्य केवल देखने की वस्तु है, छूने की नहीं', वहाँ प्रयोगवादी कवि ने उसे एकदम छूने की परिधि में खींच लिया। बादलों को देखकर इतने स्पष्ट स्वर में छायावादी कवि ने नारी को शायद ही कभी पुकारा हो—

आह, मेरा श्वास है उत्तप्त—
धमनियों में उमड़ आई है लहू की धार—
प्यार है, अभिशप्त
तुम कहाँ हो नारि?

इस मुखरता के मूल में प्रयोगवादी कवि 'दमित वासना' का उभार बतलाते हैं। इसमें शक नहीं कि शुरू-शुरू में नई शिक्षा के द्वारा मध्यवर्गीय पुरुष ने नारी को

पुराने सामन्ती बन्धनों से मुक्त किया, किन्तु यह मुक्ति केवल भावात्मक ही रह गई; आर्थिक और सामाजिक रूप से फिर भी नारी पराधीन ही रही। इसके फलस्वरूप मध्यवर्गीय व्यवस्था में स्वस्थ मानवता के धरातल पर मुक्त नारी-पुरुष का मिलन सम्भव न हो सका। वास्तविक मिलन के अभाव में आरम्भ का भावात्मक और आदर्शात्मक मिलन निराधार होकर धीरे-धीरे विभिन्न प्रकार की मानसिक ग्रंथियों की सृष्टि करने लगा और अप्राप्त नारी की भूख बढ़ गई। यथार्थवादी दृष्टि के आने से यह भूख अत्यन्त नग्न और अश्लील रूप में व्यक्त होने लगी।

कविता में इस तरह का दुस्साहस बहुत कम लोगों ने किया, लेकिन उस समय उपन्यास-कहानियों ने नरोत्तम नागर, अमृतलाल नागर, सर्वदानन्द वर्मा, ऋषभचरण जैन आदि ने इस तरह की उच्छृंखलताएँ खूब व्यक्त कीं। कविता में भी इस नग्न यौन-भावना की अभिव्यक्ति प्रायः प्रतीकात्मक ढंग से ही हुई और जब यह प्रतीक अत्यन्त स्पष्ट हो गया तो उनकी स्पष्टता से घबराकर कवि सहसा चुप हो गया; ऐसी स्थिति में—

लोचनों का भाव संकुल, व्यंजना का भीरु
फटा-सा अश्लील-सा विस्फार

ही शेष रहा। इसलिए अनेक कवियों ने 'व्यजंना-भीरु लोचन का यह विस्फार' भी नहीं होने दिया; वे इस विषय में प्रायः चुप ही रहे।

इस यथार्थवादी दृष्टि ने काव्य में उपेक्षित अनेक प्राकृतिक वस्तुओं, यंत्रों आदि को भी काव्य में स्थान दिया—कुछ तो केवल प्रतिक्रियावश और कुछ केवल शौकवश। एक ओर यदि उसने 'गोयठों' के 'गंधमय अम्बर' को दाखिल किया तो दूसरी ओर 'कंकरीट के पोर्च', 'पाँवों में हकलाती चप्पल', सायरन, रेडियम घड़ी, चूड़ी का टुकड़ा, बाथरूम, क्रोशिश, चा की प्याली वगैरह की ओर ध्यान दिया। नरेश मेहता ने 'समय देवता' में इस तरह की भौगोलिक प्राकृतिक ऐतिहासिक अनेक चीजों की लम्बी फेहरिस्त पेश कर दी है।

'लघुता के प्रति साहित्यिक दृष्टिपात' प्रसाद जी ने यथार्थवाद का जो केन्द्र बिन्दु कहा है, वह इन्हीं तथ्यों को लक्ष्य करके, जिनमें एक ओर प्रकृति तथा वस्तु-जगत् की लघु वस्तुओं की ओर कवि का ध्यान जाए तो दूसरी ओर मानव-जगत् में भी लघु और क्षुद्र प्राणियों का चित्रण हो। प्रयोगवाद ने मानव-जगत् की लघु जीवों की ओर उतना ध्यान नहीं दिया, जितना प्रकृति और यंत्र-जगत् की लघु वस्तुओं की ओर।

गम्भीर समझी जाने वाली वस्तुओं और मान्यताओं के प्रति हल्का ढंग और हल्की समझी जाने वाली चीजों और बातों के प्रति गम्भीर रुख—ये दोनों ही

यथार्थवाद के दो पहलू हैं। प्रयोगवाद में ये दोनों बातें मिलेंगी। यदि एक ओर उसने छायावादी आदर्शों की खिल्ली उड़ाई तो दूसरी ओर 'गरम पकौड़ी' और 'चा की प्याली' को गौरवान्वित किया।

यथार्थवादी दृष्टि प्रायः भावुकता के स्थान पर बौद्धिकता की प्रतिष्ठा करती है। जिस प्रकार छायावाद के आरम्भिक दिनों में कैशोर भावुकता एक प्रकार की अलंकृति थी और उसे कवि-कर्म का बीजमंत्र माना जाता था, उसी तरह प्रयोगवाद के आरम्भ-काल में भावुकता मूर्खता का पर्याय हो गई। कवि अपने तथा परिवेश के विषय में इतना सतर्क हो गया कि हर जगह वह बौद्धिकता और रक्षात्मक कवच के साथ आने का अभ्यस्त हो चला। हर बात में उसे 'रेशनलाइजेशन' की आदत पड़ गई।

आओ बैठो
क्षण भर तुम्हें निहारूँ।
झिझक न हो कि निरखना
दबी वासना की विकृति है!
चलो, उठें अब;
अब तक हम थे बन्धु
सैर को आए—
और रहे बैठे तो
लोग कहेंगे
धुँधले में दुबके दो प्रेमी बैठे हैं।
वह हम हों भी
तो यह हरी घास ही जाने;

'हरी घास पर क्षण भर' की अनुभूति लिखते समय सम्भव था कि छायावादी कवि भावुकतावश भावनाओं में बह जाता, लेकिन यहाँ अज्ञेय ने बौद्धिक ढंग से ही अपनी भावनाओं को व्यक्त किया है।

प्रयोगवादी कवि में यह बौद्धिकता आरोपित नहीं है, बल्कि सामाजिक दबाव का सहज परिणाम है। छायावादी कवि ने सामाजिक भय से अपने मानवीय प्रेम को रहस्यात्मक जामा पहनाया तो प्रयोगवादी कवि ने उसे बौद्धिकता के आवरण में रखा; लोग जो आरोप करते हैं, उसे स्वयं ही कहकर कवि ने लोगों को अपनी साहसिकता और निर्भीकता से जैसे हतप्रभ कर दिया।

'ईमानदारी' का मूलमंत्र समझाते हुए इसी बौद्धिकता की व्याख्या अज्ञेय इस प्रकार करते हैं—जैसे-जैसे हमारी बौद्धिक सहानुभूति गहरी होगी, अभिव्यक्ति में

व्यंजना आती जाएगी, वह सीधा संवेदन कम होता जाएगा जो किशोर कविता में होता है। जहाँ तक लेखक का सम्बन्ध है, ईमानदारी का मतलब यही है कि वह उस बौद्धिक विकलता को लेकर जिए और उसे अस्वीकार न करे, जो ज्ञान उसे दे जाता है और जो उसकी अनुभूति को सुधार जाती है।

दरअसल इस संक्रान्ति-युग में भी जो कवि मध्यवर्गीय मन:स्थिति को लेकर भावुकता से भरी हुई अनेक सफल कविताएँ लिख लेते हैं, उनके बारे में यह समझना चाहिए कि या तो वे वास्तविकता का अतिसरलीकरण करते हैं अथवा वे उसकी उलझनों से घबड़ाकर ऊपरी सतह की रंगीनियों में रस लेते हैं। गिरिजाकुमार की रसिकता बहुत कुछ ऐसी ही है। भवानीप्रसाद मिश्र की मस्ती और सरलता का स्वाँग वस्तुत: जटिलता से बचने का उपक्रम है, जिनके यहाँ 'पड़ जाए जहाँ पर पाँव वही पथ है', और 'शायद सबका पथ ठीक' है! इन्हीं की देखा-देखी 'सुमन' इस तरह लिखते हैं गोया उनके लिए कोई समस्या ही नहीं है और कुछ कवि इन झंझटों से बचने के लिए शुद्ध प्रकृति-चित्रण करते हैं अथवा लोकगीत लिखते हैं।

इस बौद्धिकता के परिणामस्वरूप प्रयोगवादी कवि के प्रतीकों और उपमानों में भी छायावाद कैशोर भावुकता का बहिष्कार दिखाई पड़ता है। पूर्ववर्ती समस्त उपमानों को छोड़कर वह अपनी प्रिया को 'बाजरे की कलँगी' से उपमित करते हुए कहता है कि—

अगर मैं तुमको
ललाती साँझ के नभ की अकेली तारिका
अब नहीं कहता,
यह शरद के भोर की नीहार न्हायी कुँई,
टटकी कली चम्पे की
वगैरह तो
नहीं कारण कि मेरा हृदय उथला या कि सूना है
या कि मेरा प्यार मैला है।
बल्कि केवल यही :
ये उपमान मैले हो गए हैं।

और इसी स्वर में स्वर मिलाकर एकदम नवोदित कवि भी सोचता है कि—

'चाँदनी चन्दन सदृश' :
हम क्यों लिखें?
मुख हमें कमलों सरीखें क्यों दिखें?

हम लिखेंगे :
चाँदनी उस रुपये-सी है कि जिसमें
चमक है पर खनक गायब है।

यह बौद्धिकता का दूसरा छोर है। यथार्थ के आग्रह से कोरी भावुकता और सरलता को छोड़ना एक बात है, लेकिन भावप्रवणता को एकदम तिलांजलि देकर हर समय शुष्क बौद्धिक व्यायाम करते रहना बिलकुल दूसरी बात है—इससे यथार्थ-दर्शन की जगह एक दूसरे प्रकार की अवास्तविकता की सृष्टि होती है।

जहाँ यह 'बौद्धिक विकलता' रचनात्मक रूप ग्रहण करती है, प्राय: अन्तर्जगत् और बाह्यजगत के अत्यन्त सूक्ष्म स्तरों को परखने और अभिव्यक्त करने की अन्तर्दृष्टि देती है।

एक मानसिक विषाद को ही लें। छायावादी कविताओं में भी प्राय: एक प्रकार के अस्पष्ट, किन्तु अनुभवगम्य विषाद की मन:स्थिति का चित्रण मिलता है और उसके बाद की कविताओं में भी। नरेन्द्र जब कहते हैं कि—

साँझ होते ही न जाने छा गई कैसी उदासी।

तो यह अनजान-सी लगनेवाली उदासी छायावादी विषाद से कुछ अधिक गहन और विविध सूक्ष्म अर्थच्छायाओं से बुनी हुई है, लेकिन जब गिरिजाकुमार 'क्वार की सूनी दुपहरी' की उदासी चित्रित करते हैं तो उससे कहीं अधिक गहनता और अर्थच्छायाओं का पता चलता है—

घरों में सुनसान आलस ऊँघता है
थकी राहें ठहर कर विश्राम करतीं
रिक्त कमरे की उदासी बढ़ रही है
दूस से आते स्वरों से।

अथवा 'दिनान्त' की उदासी का यह चित्र—

बादल ढकी रात आती है
धूल-भरी दीपक की लौ पर मन्द पग धर।
गीली राहें धीरे-धीरे सूनी होतीं
जिस पर बोझिल पहियों के लम्बे निशान हैं
माथे पर की सोच-भरी रेखाओं जैसे।
पानी रँगी दीवालों पर सूने राही की छाया पड़ती

पैरों के धीमे स्वर मर जाते हैं
अनजानी उदास दूरी में।

इन चित्रों और शब्दों की ध्वनि से मन पर जो सामूहिक प्रभाव पड़ता है, वह केवल प्रिय की याद-जनित उदासी नहीं है, बल्कि उसमें जीवन के अनेक अभाव घुले-मिले हैं और इन सबसे भी अधिक गाढ़तर विषाद की वह मन:स्थिति है, जिसे शमशेर एक 'लुढ़की सुराही' के प्रतीक से व्यक्त करते हैं—

लुढ़की सुराही, तो
हुचक हुचक पानी ढुरा
गर्द भरे खुँदे हुए फर्श पर।
चुपचाप।
देख-देख मन कैसा हुआ।
मेरी सुराही थी
मेरी असावधान ठोकर में पड़ी—
गट्ट-गट्ट हुचक रही थी।
एक साँस रोक, बढ़ा—सीधा करने अपना
मुँदा हुआ पात्र।
पर सुबह-सुबह? फैला जो मन का विषाद
वह कहाँ ढका गया?

गनीमत है कि सुराही टूट नहीं गई, अन्यथा कविता के आर्थिक व्याख्याता सीधे-सीधे कह देते कि यह सारा विषाद तीन आने की सुराही टूटने का परिणाम है, बस। लेकिन गर्दभरे खुँदे हुए फर्श पर औंधे-मुँह पड़ी हुचक-हुचककर जल वमन करती हुई सुराही ने कवि के मन में कौन-सा मानवीय चित्र आँक दिया, इसे समझकर उसकी अनुभूति का पता लगाया जा सकता है।

इसी तरह प्रिय की याद में न जाने कब से कविताएँ लिखी जा रही हैं, लेकिन जब प्रयोगवादी कवि याद में पराजय का अनुभव करता है तो याद की एक विशिष्ट मन:स्थिति आँकता है—

भोर वेला नदी-तट घंटियों का नाद
चोट खाकर जग उठा सोया हुआ अवसान
नहीं मुझको नहीं अपने दर्द का अभिमान
मानता हूँ मैं पराजय है तुम्हारी याद!

अज्ञेय जैसा एक दर्द का अभिमानी कवि ही इस पराजय की विकलता का अनुभव कर सकता है। प्यार में भावुक कवियों के लिए आँसू बहाना आसान है, लेकिन अभिमानी हृदय से आँसू भी नहीं निकल पाते—

प्यार में अभिमान की पर कसक ही रोने नहीं देती

प्रयोगवादी कवि 'चेतना पर किसी संज्ञा का अनवरत सूक्ष्म स्पन्दन' भी अनुभव करता रहता है, इसलिए वह व्यक्ति मन के अनेक सूक्ष्म भावों का चित्रण अत्यन्त सफलता के साथ कर जाता है। रघुवीर सहाय जब भावाकुल हृदय की अभिव्यक्ति की विकलता को इन शब्दों में प्रकट करते हैं—

सिनेमा की रीलों-सा कस के लिपटा है सभी कुछ
मेरे अन्दर
कमानी खुलने की भरती हुमस

तो वे अपनी विकलता के लिए एक चौंकाने वाली उपमा भर नहीं देते हैं, बल्कि उस उपमा के सहारे अपने मानसिक कसमसाहट को अधिक सूक्ष्मता से व्यक्त करते हैं।

इसी तरह नेमिचन्द्र अपने उचटे हृदय को साइरन के बाद की शून्यता के सहारे व्यक्त करते हैं तो नवीन परिस्थितियों से उत्पन्न नई मन:स्थिति का सूक्ष्म चित्र आँकते हैं—

आज उचटा-सा हृदय;
साइरन बज जाए उसके बाद
निर्जन शून्य सड़कों-सा निभृत, निस्संग, खाली,
व्यर्थता की स्याह-सी बेमाप चादर से
अभी ज्यों ढक गया हो शून्य जी का प्रान्त

मन:स्थिति चित्रण में प्रयोगवादी कवियों ने पहले से बारीकी दिखाई है। यह छायावादयुग के बहुप्रचलित शब्द 'अनुभूति' और प्रयोगवाद के 'संवेदना' के अन्तर से ही समझा जा सकता है; पर्याय प्रतीत होते हुए इन दोनों शब्दों की अर्थच्छायाओं में सूक्ष्म अन्तर तो है ही।

किसी प्राकृतिक दृश्य अथवा अन्य वस्तु को देखकर किसी प्रस्तुत वस्तु के 'एसोसिएशंस' पहले के कवियों के मन में उठते थे, किन्तु उन स्मृति-चित्रों में प्राय: एकसूत्रता होती थी। प्रयोगवादी कवि के मन में सम्भवत: नवीन परिस्थितियों के कारण प्राय: ये स्मृतिचित्र क्रमहीन तथा विशृंखल रूप में—'फ्री एसोसिएशंस' के

रूप में उठते दिखाई पड़ते हैं। यह वस्तुतः 'सुर्रियलिस्ट' मनोवृत्ति है, जिसमें बाहर से असम्बद्ध दिखाई पड़ने वाले बिखरे स्वप्न आप-से-आप एक रूपरेखा तैयार करने के लिए छोड़ दिए जाते हैं।' इसको समझाते हुए टी.एस. एलियट कहता है कि हमारा मन पके हुए सूअर की मांस की बू, दाँते की भव्य कविता का पाठ और प्रणय-जाल में उलझने की मधुर अनुभूति एक साथ कर सकता है यानी ऐन्द्रिय सुखानुभव, भव्यता का अनुबोध और आवेगों की अतिशयता हमारे मन में एक साथ हो सकती है।

प्रभाकर माचवे ने यह प्रवृत्ति निराला की कविता 'स्फटिक शिला' के अन्त तथा 'कैलाश में शरत्' में दिखलाई है, जिसमें विवेकानन्द के साथ हिमालय, मंगोलिया वगैरह की स्वप्न-यात्रा की विचित्र स्मृतियाँ संकलित हैं। असम्बद्ध स्मृति-पुंजों की प्रतीक व्यंजना के लिए अज्ञेय की 'कंकरीट का पोर्च' कविता देखी जा सकती है, जिसमें 'नए मुहल्ले की ऊँची-ऊँची इमारतों के बीच लाँघता हुआ' कवि क्षण भर के लिए 'एक डॉक्टरनी के नए बँगले' के सामने ठिठक जाता है और उसकी 'बहकी हुई आँख', 'कंकरीट के बढ़े हुए पोर्च' पर टिक जाती है। उस 'निराधार' किन्तु 'चौड़े' और 'बहुत-सी जगह पर अपनी छाँह डालने वाले' पोर्च को देखकर उसका ऊँघता आत्मा जागकर कहता है कि 'मूर्ख, सब घर गैर है' और 'फिर उसका ध्यान धुँधला-सा पड़ता हुआ' जाता है—

मैदान के किनारे वाली पटरी के उस मौलसिरी
गाछ की ओर
जिसके नीचे खुड्ढी घास में बैठकर
एक दिन दो आने की विलायती मलाई की बर्फ
खाई थी।

इस तरह के बिखरे स्मृति-चित्र शमशेर, प्रभाकर माचवे और नकेनवादियों में प्रायः मिलते हैं, किन्तु माचवे और नकेनवादी जहाँ किताबी नियमों को ध्यान में रखकर सचेष्ट रूप से केवल उदाहरण गढ़ने के लिए 'फ्री-एसोसिएशंस' ले आते हैं, वहाँ शमशेर की कविताओं में वे स्मृति-चित्र अनायास आते-जाते हैं। सायास और भद्दे ढंग से 'फ्री-एसोसिएशंस' ले आने का अच्छा नमूना नरेश की 'वेदना निग्रह' शीर्षक कविता में मिलेगा, जिसमें 'वेदना' शब्द के सहारे कवि को प्रसाद की 'आह वेदना मिली विदाई' कविता और 'आदम हौआ', 'इदन कुंज' वगैरह के बाद 'सेक्राइमल ग्रंथि' और 'मनुस्मृति' याद आती है, जिसमें वर्णाश्रम की चर्चा करते समय वणिकों में सपना बेचनेवालों का उल्लेख नहीं है; इसलिए स्वप्न-विक्रयी के साथ सहानुभूति प्रकट करते हुए कवि कहता है कि—

—यह ऐसा युग आया।

कि सजा-सजाया सपना भी जो टके सेर बेचो, तो भी कोई न ग्राहक। अर्गो: वेदना निग्रह के ग्राहक बन लो!

इसी मन:स्थिति से मिलता-जुलता स्वप्न-चित्रण है, अज्ञेय का 'चार का गजर'। यह स्वप्न-प्रतीक का अच्छा नमूना है।

अन्तर्जगत् के अतिरिक्त बाह्यजगत् में भी इस सतर्क दृष्टि ने वर्ण, गंध, नाद आदि सम्बन्धी अनेक सूक्ष्मताओं का अंकन किया है।

केसर रंग-रंगे बने, केसन वसनों में छिपा तन सोने की छाँह-सा, फूल की रेशमी-रेशमी छाँहें; श्वेत धुएँ-सा पतला नभ, झाँवरे पड़े सोने-से तारे इत्यादि गिरिजाकुमार के एलबम के वर्ण-सम्बन्धी नए चित्र हैं और कमरे की सारी छाँहों के हल्के स्वर-सा चुम्बन, ओले-सी जमी पड़ी चलने की आहट, नींद-भरे आलिंगन में चूड़ी का खिसलन वगैरह ध्वनि-चित्र के नए नमूने हैं।

इसी तरह अज्ञेय के यहाँ भी रात की गुंजरित स्पन्दहीनता, इन्द्र-वधूटी का रवहीन मखमली स्वर, ओस की तिप् तिप्, पहाड़ी काक की क्लान्त बेसुर डाक 'हाक् हाक् हाक्' तरल कूजन में गूँजते-से तप्त अन्त:स्वर जैसे ध्वनि-चित्र; विस्मरता-सी स्मरण के नीरव उसाँसों के सिरिस से परस प्रभृति स्पर्शचित्र, गंध-मूर्च्छित से घने वातावरण, गन्ध के डोरे डालती मालती, अधजली बबूल की धूल मिली गन्ध आदि गन्ध-चित्र तथा तिर्यक रेखा का मसृण ध्वान्त, नदी के सिमटने की चमक, भोर का फीका आलोक इत्यादि सूक्ष्म वर्ण-चित्र हैं।

रंग और रेखाओं की बारीकी के चित्रकार शमशेर के यहाँ परस्पर मिले-जुले विभिन्न ऐन्द्रिय बोधवाले अनेक चित्र मिलेंगे। यदि एक ओर—

मकई से लाल गेहुँए तलुए
मालिश से चिकने हैं?
सूखी भूरी झाड़ियों में व्यस्त
चलती-फिरती पिंडलियाँ!...

जैसा उत्तेजक वर्ण-चित्र है, तो दूसरी ओर

यह समुन्दर की पछाड़
तोड़ती है हाड़ तट का
अति कठोर पहाड़

भयंकर नाद-चित्र और तीसरी ओर इन सबका मिला-जुला ऐन्द्रिय-चित्र—

पपड़ीले पत्थर की पीठ पर साँप केंचुली उतारता रहा;
लहर जहाँ काँस में, सिवार में पेट उचकाती-सी अंडों के
छिलके उतारती-सी
हिलती रही लगातार—
नशे की खुमार लिये वहाँ हवा में
चिनक चिनक कर मीठा दर्द होता ही रहा।

ये वे ऐन्द्रिय चित्र हैं जो स्पष्ट ऐन्द्रिय बोध के अतिरिक्त प्रतीकात्मक और सांकेतिक ढंग से दूर तक हमारी ज्ञानेन्द्रियों को उत्तेजित करते हैं।

प्रयोगवाद की यथार्थवादी, अन्तर्मुखी तथा बौद्धिक प्रवृत्ति ने कविता के शब्द-चयन, वाक्य-विन्यास, छंद-संगीत और प्रतीक-योजना को भी प्रभावित किया है।

आरम्भिक दिनों में अज्ञेय, मुक्तिबोध, नेमि आदि की रचनाओं में एक प्रकार के बुद्धि-प्रसूत बड़े-बड़े क्लिष्ट और दुरुच्चार्य शब्दों के प्रयोग की बहुलता दिखाई पड़ती है। छायावादियों के शब्द जहाँ कल्पनाकलित कुसुम-कोमल थे, वहाँ आरम्भिक प्रयोगवादी कविता के शब्द अनगढ़ ठोकरों-से कड़े थे। उन दिनों अज्ञेय की शब्दावली इस तरह की होती थी—

निविड़ाऽन्धकार, एक अकिंचन निष्प्रभ अनाहुत अज्ञात द्युति-किरण, आसन्न-पतन बिन जमी ओस की अन्तिम ईपत्करुण, स्निग्ध कातर शीतलता अस्पृष्ट किन्तु अनुभूत, शत-फण बुभुक्षा के कोलाहल का आस्फालन, प्रस्वेदश्लथ सम्भार, आत्म-लय के रुद्र-तांडव का प्रमाथी तप्त आवाहन, घनावृत्त ऐक्य...आदि।

धीरे-धीरे आतंकमय विशेषणों का यह समस्त सम्भार उस दर्पस्फीत आवेग वे साथ क्रमशः कम हुआ और अब वे सीधे-सादे हल्के-फुल्के ऐसे शब्दों का प्रयोग करते हैं—

भोर का बावरा अहेरी, लालकनियाँ, कलस-तिसूल, विफल दिनों की कलौंस, छोरियाँ, गोरियाँ, भोरियाँ वगैरह।

इस सादगी में ऊपर-ऊपर से जिस ऋजुता और सरलता का दर्शन होता है, वह कुछ लोगों के अनुसार पहले की क्लिष्टता से श्रेष्ठ है और साथ ही लोकोन्मुखता का प्रमाण है। किन्तु भाव-सौष्ठव की दृष्टि से अच्छी तरह देखने पर पता चलेगा कि इन शब्दों में पहले का-सा ओज नहीं है—शेष है केवल टूटे हुए हृदय का निर्जीव और दुर्बल शब्दोद्गार।

शब्द-चयन के विषय में गिरिजाकुमार पहले बहुत अधिक सतर्क थे और मेहनत करके उन्होंने छायावादी पदावली की टक्कर में कोमल, किन्तु उससे थोड़ी

भिन्न पद-रचना का नमूना सामने रखा। इस प्रयत्न में गिरिजाकुमार स्वभावत: एक हद तक छायावादी अस्पष्टता के शिकार हो गए और उनके यहाँ के पर, रेशम, छाँह, कथन, उदासी, मिठास आदि शब्द तकियाकलाम की तरह वैसे ही बार-बार आने लगे, जैसे छायावाद में छाया, असीम, अनन्त, नव, चिर, मृदु, मधु आदि आया करते थे। गिरिजाकुमार ने वस्तुत: सूक्ष्म अर्थच्छाया वाले शब्दों के मूल्य पर कोमल पदावली जुटाई; इसीलिए उनके यहाँ सूक्ष्म मनोभावों को व्यक्त करने वाली शब्दावली का प्राय: अभाव है। गिरिजाकुमार के भावों की तरह उनके शब्द भी वास्तविकता के केवल ऊपरी स्तरों को ही स्पर्श रखने की क्षमता रखते हैं।

नरेश को छोड़ प्राय: परवर्ती प्रयोगवादी कवियों की शब्द-रचना नि:सन्देह अधिक सरल और ऋजु दिखाई पड़ती है। शमशेर और रघुवीर सहाय की पदावली में चुस्ती और यथातथ्यता (एग्जैक्टनेस) अधिक है और भारती में अनावश्यक अपव्यय।

यही क्रम प्रयोगवाद के वाक्य-विन्यास में भी दिखाई पड़ता है। आरम्भिक प्रयोगवादी कविताओं के वाक्य प्राय: लम्बे और पैरेंथीसिस से भरे हुए आते थे, जैसे मुक्तिबोध का यह लम्बा वाक्य है—

वह परस्पर की मृदुल पहचान जैसे
अतलगर्भा भव्य धरती हृदय के निज कूल पर
मृदु स्पर्श कर पहिचान करती, गूढ़तम उस विशद
दीर्घच्छाय श्यामलकाय बरगद वृक्ष की
जिसके तले आश्रित अनेकों प्राण,
जिसके मूल पृथ्वी के हृदय में टहल आए, उलझ आए!

अथवा अज्ञेय का दूसरा वाक्य—

नहीं चाहे प्राण तुम प्रत्येक स्पन्दन की
बनो बेबस फेन-सी उच्छ्वसित समभागी—
चेतना की दो प्रवाहित पृथक् धारों-सा
जो कि संगम के अनन्तर भी
रंग अपने पृथक् रखती हैं
और जिनके
धुले उलझे परस्पर वलयित
द्रवित देहों में
शान्ति में गति से, परम कैवल्य से संवेदना से

भँवर हैं उद्भ्रान्त मँडलाते—
(यद्यपि आगे फिर वृहत्तर
ऐक्य में दोनों पृथक् अस्तित्व होते लीन अनजाने)

लेकिन मानसिक उलझन-अन्तर्द्वन्द्व के कम होने से वास्तविकता के सम्मुख स्थिर समर्पित अज्ञेय के वाक्य अब छोटे-छोटे और दूरान्वय-दोष से रहित होते हैं—

हम नदी के द्वीप हैं—
हम नहीं कहते कि हमको छोड़कर स्रोतस्विनी बह जाए।
वह हमें आकार देती है।
माँ है वह! है, इसी से हम बने हैं।

स्पष्ट दिखलाई पड़ रहा है कि इस स्थिर समर्पण ने कवि से वाक्य-प्रवाह छीनकर अब केवल वाक्य-खंड दे दिए हैं।

प्रयोगवादी कवियों में शमशेर की वाक्य-योजना सबसे विलक्षण है। शमशेर वाक्य नहीं, प्राय: शब्द लिखते हैं; वे 'ग्राफ पेपर' पर जैसे बिन्दु निश्चित करते हैं, जिन्हें रेखाओं से मिलाने का काम पाठक के ऊपर रहता है, जैसे—

गाएँ मैली सफेद काली भूरी।
पत्थर लुढ़क पड़े। पेड़ स्थिर नीरव।
दो पहाड़ियाँ धूम-विनिर्मित पावन।

इसका कारण केवल यही नहीं है कि उन्हें शब्दों की फिजूलखर्ची नापसन्द है, बल्कि कविता में उनकी खास कोशिश यह रही है कि "हर चीज को हर भावना की, जो एक अपनी भाषा होती है जिसमें वह कलाकार से बातें करती है, उसी को सीखें।" फलत: शमशेर के वाक्य भाव और वस्तु में निहित लय को पकड़कर चलते हैं; इस तरह वे छंद से परिचालित होते हैं। यों तो सभी के वाक्य वस्तुत: छंद लय से ही परिचालित होते हैं, लेकिन विषय-वस्तु में निहित लय को यथातथ्य रूपान्तर करने की जो कोशिश शमशेर में दिखाई पड़ती है, वह किसी प्रयोगवादी कवि में नहीं है। यह प्रवृत्ति बहुत कुछ कमिंग्स, मायकोवस्की इत्यादि में मिलती-जुलती है।

खामोश
हो;
होश...न खो;
रो, मगर—जी।

जिन्दगी संसार की आखिर
तू ही।
ओ साबिर
खिला परवर यह
बे-रूही
आखिर
वह भी है
तू—ही!
तू—ही!
तू—ही!

अथवा

—सुन्दर
उठाओ
निज वक्ष
—और-कस-उभर।
क्यारो
भरी गेंदा की
स्वर्णारक्त
क्यारी भरी गेंदा की।
तन पर
खिली सारी
अति सुन्दर! उठाओ।

इस छंद:प्रवृत्ति के अतिरिक्त अन्य प्रयोगवादी कवियों ने प्राय: अपने भावों की मुक्त अभिव्यक्ति के लिए मुक्तछंद का ही सहारा लिया है। छायावाद-युग में जो मुक्तछंद वैकल्पिक था, वह प्रयोगवादी कविता का मुख्य स्वर हो गया। मुक्तछंद को ही विशेष रूप से अपनाने के कारण प्रयोगवादियों ने इसमें नए-नए स्वरों और नई-नई लयों के प्रयोग किए। छायावाद में प्राय: रोला और घनाक्षरी को लय पर ही मुक्तछंद लिखे गए, लेकिन प्रयोगवाद में सवैया तथा अन्य प्राचीन छंदों की लय का मुक्त ढंग से उपयोग किया गया।

प्रयोगवादी कवियों ने गीत भी लिखे हैं और उनमें कभी-कभी लोकगीतों की धुन पर अच्छे गीत बन पड़े हैं, किन्तु छायावादी गीतों की तुलना में प्रयोगवादी गीत

कम मोहक और अधिक सपाट प्रतीत होते हैं। दरअसल, प्रयोगवाद में वास्तविक प्रगीतात्मकता नहीं है। इसीलिए अज्ञेय के गीत जिस गीतात्मक उठान से शुरू होते हैं, उसका निर्वाह अन्त तक नहीं कर पाते। प्रायः थोड़ी दूर चलकर उनके गीत अपनी लय से पथभ्रष्ट होकर टूट जाते हैं। 'फूल कचनार के' तथा 'ओ पिया पानी बरसा' जैसे गीतों में इस विच्छिन्नता को परखा जा सकता है।

प्रतीक-योजन के क्षेत्र में प्रयोगवाद ने छायावादी लाक्षणिक वक्रता से आगे बढ़कर अत्यधिक सांकेतिक प्रतीकों के प्रयोग किए। इसमें कोई शक नहीं कि सम्पूर्ण प्रयोगवाद प्रतीकवाद नहीं है; अज्ञेय, शमशेर जैसे कवि मूलतः और मुख्यतः प्रतीकवादी हैं। इनका प्रतीकवाद पूर्ववर्ती रहस्यवादी कवियों की भाँति रहस्य-प्रतीकों पर आधारित नहीं है, लेकिन इनके प्रतीकवाद का भी मूलतः वही सैद्धान्तिक आधार है। इन प्रतीकवादियों को स्पष्ट रूप से यथार्थ का चित्रण करते हिचक होती है, इसलिए यथार्थ की कटुता, नग्नता और भयंकरता से बचने के लिए प्रायः ये संकेतगर्भी प्रतीकों का प्रयोग करते हैं। 'तार सप्तक' के वक्तव्य में अज्ञेय ने स्वीकार किया है कि प्रतीक द्वारा कभी-कभी वास्तविक अभिप्राय अनावृत हो जाता है—तब वह उस स्पष्ट इंगित से घबराकर भागता है, जैसे बिजली के प्रकाश में व्यक्ति चौंक जाए। इस बात को और भी स्पष्ट करने के लिए अज्ञेय ने डी.एच. लारेंस की एक कविता का हवाला दिया है, जिसमें 'प्रेम-प्रसंग में एकाएक बिजली चमकने पर पुरुष अपना प्रेमालाप छोड़कर छिटककर अलग हो जाता है, क्योंकि बिजली ने उस व्यापार को उघड़ा कर दिया है।'

इस प्रकार जैसे रहस्यवादी यथार्थ से अनभिज्ञ होने के कारण प्रतीकवादी बनाने को विवश था, वैसे ही यथार्थ-भीरु होने के कारण प्रयोगवादी भी प्रतीकवादी बना। दोनों ही मूलतः यथार्थ को अज्ञेय रहने देना चाहते हैं, इसीलिए प्रतीकों का आवरण डालते हैं और आवरण के बावजूद उस वस्तु की ओर संकेत करना चाहते हैं।

आरम्भ में अज्ञेय के प्रतीक उन्हीं के शब्दों में प्रायः यौन-प्रतीक थे, लेकिन धीरे-धीरे विचारधारा के परिवर्तन के साथ वे इतर मान्यताओं के भी सूचक बने। 'नदी के द्वीप' अस्तित्व-संकट का प्रतीक है तो अनुलिखित कविता में 'बालू का तट' जीवन की ऊब भरी निर्जन शून्यता का और अँगुलियों के बीच से बालू का यूँ ही गिराना अनमने ढंग से इस वास्तविकता को झेलते जाने का।

इस बालू के तट पर—(किसका तट, जो अन्तहीन फैला ही फैला—
दीठ जहाँ तक भी जाती है!—)
बैठे हम अवसन्न भाव से पूछ रहे हैं :

कहाँ गया वह ज्वार, हमारा जीवन, वह हिल्लोलित सागर
कैसे, कहाँ गया?
लो : मुट्ठी भर रेत उठाओ :
—ठीक कह रहा हूँ मैं, हँसी नहीं है—
उसे अँगुलियों में से बह जाने दो : बस।
यों।
इस यों में ही हैं सब जिज्ञासाओं के उत्तर।

इतना होते हुए भी यौन-प्रतीकों से अज्ञेय सर्वथा मुक्त नहीं हो सके हैं। अब भी वे—

सो रहा है झोंप अँधियाला
नदी की जाँघ पर

लिखते हैं और—

दो पंखुरियाँ
झरी लाल गुलाब की, तकतीं पियासी
पिया-से ऊपर झुके उस फूल को।

देखकर उन्होंने 'होंठ ज्यों होंठों तले' याद आ जाते हैं।

शमशेर के प्रतीक अज्ञेय से कहीं अधिक उलझे हुए तथा दुरूह हैं और ये भी प्रायः यौन-संकेत वाले हैं। 'सिवार में उचकाती-सी अंडों के छिलके उतारती-सी'। साँप की लहर का लगातार हिलना; और 'सागर में अध-डूबा गोल सूरज' ऐसे ही यौन-प्रतीक हैं—

सोने के सागर में अहरह
एक नाव है
(नाव वह मेरी है)
सूरज का गोल पाल संध्या के
सागर में अहरह
दोहरा है...
ठहरा है...
(पाल वह तुम्हारा है)

प्रतीकवादी न होते हुए भी अन्य प्रयोगवादी कवियों के भावों और वस्तुओं के सूक्ष्म चित्रण के लिए अनेक सुन्दर अप्रस्तुतों का विधान किया है, जैसे—

धीरे-धीरे झुकता जाता है शरमाए नयनों-सा दिन, सिनेमा की रीलों-सा कसके लिपटा है सभी कुछ मेरे अन्दर, दिल की धड़कन भी इतनी बेमानी जितनी यह टिक-टिक करती हुई घड़ी, निकल रही छिपकली-सी लड़की दरवाजे से, हल्की मीठी चा-सा दिन, चाँदनी की उँगलियाँ चंचल क्रोशिए से बुन रही थीं चपल फेन-झालर बेल मानो, मौन आहों में बुझी तलवार तैरती है बादलों के पार, खोखली बन्दूक से ठंडे पड़े दो हाथ!

यह लय-तान, प्रतीक-योजना आदि जहाँ अपने-आप में साध्य बनकर आते हैं वहाँ प्रयोगवाद रूपवाद का रूप धारण कर लेता है। शमशेर कभी केवल कुछ शब्दों और कभी केवल लय-विशेष के लिए अथवा चित्र-विशेष से आकृष्ट होकर कविताएँ लिख जाते हैं और उसी रूप में कविता को सम्पूर्ण मानते हैं। इस तरह की एक कविता यह है—

सावन की उनहार की
आँगन-पार!
मधु बरसे, हुन बरसे
बरसे-स्वाती धार
आँगन पार
सावन की उनहार!

इस कविता की रचना 'उनहार', 'हुन' आदि दो-एक मोहक शब्दों के लिए तथा लय-विशेष के लिए हुई है। यह रूपवादी मनोवृत्ति प्रभाकर माचवे और कभी-कभी नरेश मेहता में भी दिखाई पड़ती है।

[5]

कुल मिलाकर प्रयोगवादी कविताएँ ह्रासोन्मुख मध्यवर्गीय जीवन का यथार्थ चित्र हैं। इनमें मध्यवर्गीय हीनता, दीनता, अनास्था, कटुता, अन्तर्मुखता, पलायन आदि का बड़ा ही मार्मिक चित्रण हुआ है। इस युग में जब कि प्रयोगवादी कवियों में कुछ सजातीय और सधर्मा कवि, अरविन्द-दर्शन से प्रभावित ऊर्ध्वचेतन रहस्यवादिता में आश्रय ले रहे हैं और कुछ भक्ति-भावपूर्ण निर्वेद में विश्राम ढूँढ़ रहे हैं तथा कुछ मृत्यु की उपासना में लीन हैं, प्रयोगवादी कवि साहस के साथ अपने व्यक्ति-मन और

व्यक्ति-मन के माध्यम अधिकांश मध्यवर्गीय समुदाय की दुर्बलताओं का उद्घाटन कर रहे हैं; वस्तु-स्थिति से डरते हुए भी उस पर मोहक आवरण डालने की जगह ये उसका वास्तविक रूप दिखलाते चल रहे हैं। इन परिस्थितियों से निकलने का रास्ता न तो स्वयं उन्हें मालूम है और न ये दूसरों को ही बतला सकते हैं,फिर भी अनजाने ही मध्यवर्गीय जीवन की असारता का बोध वे करा रहे हैं। इसी 'ईमानदारी' के कारण इन कविताओं में गहरी संवेदना और 'वैयक्तिक अनुभूतियों में निश्चल सुसंगति' है। हिन्दी कविता के इतिहास में इसीलिए इन्होंने सूक्ष्म संवेदना और गहन अभिव्यंजना सम्बन्धी कुछ महत्त्वपूर्ण निधि दी है।

कविता के जो पाठक एक निश्चित प्रकार की रसानुभूति के अभ्यस्त हैं और जो पहले ही लिखी हुई कुछ विशेष ढंग की कविताओं से ही उद्दीप्त होते हैं, उनके लिए प्रयोगवाद क्या, कोई भी नवीन प्रवृत्ति व्यर्थ है। अन्धे के आगे रोवै, अपना दीदा खोवै। लेकिन उम्मीद है कि हिन्दी में सभी पाठक सावन के अन्धे ही नहीं हैं। प्रयोगवादी कविताओं ने अत्यन्त आत्मनिष्ठा के बावजूद समाज के एक अंग की यथार्थ मन:स्थिति को प्रतिध्वनित किया है और फिर उस प्रतिध्वनि के द्वारा हममें से कुछ की कुंठित संवेदनशीलता को उद्बुद्ध किया है। इस दृष्टि से इन कविताओं का ऐतिहासिक महत्त्व है। क्षयिष्णु मध्यवर्ग की मनोवृत्ति को समझने में ये कविताएँ काफी उपयोगी हैं।

जहाँ तक प्रयोगवाद की अत्यन्त आत्मनिष्ठा का सम्बन्ध है, उसके विषय में अभी तक यही कहा जा सकता है। यह संकीर्णता दूसरों के लिए घातक होने से पहले स्वयं प्रयोगवादी कविता पर ही घातक सिद्ध होगी जैसा कि अभी से कुछ-कुछ आभासित होने लगा है। प्रयोगवादी कविताओं में एक विशेष प्रकार की घुटन और एकरसता मिलती है जो कवि और पाठक, दोनों की प्रवृत्तियों को गहराने के नाम पर संकुचित करती है और इस तरह उन्हें व्यापक विश्व-समाज और प्रकृति में फैलने से रोककर मनुष्य को जीवन्मृत बना देती है।